世にも奇妙なマラソン大会

高野秀行

集英社文庫

はじめに

私には「間違う力」があると言われる。本当にそれは「力」なのか、それとも馬鹿にされているだけなのかはよくわからない。

でも自分自身、「ああ、間違えちまった……」と認識することは度々ある。特に深夜とか酒に酔っているときとか、見知らぬ人とつい話が盛り上がってしまったときなどに多い。

もちろんそのときは間違っているとは思わない。

「すごいことを発見してしまった！」「俺は超ラッキー！」「このチャンスを逃す手はない！」などと興奮している。その興奮は話が具体的に進むにつれ、「何か変だ……」「これは失敗だったかも……」に変化し、しまいには「ひえー、ダメじゃん！」「大失敗！」に変わる。

不思議なことに、「大失敗！」と気づいた時点でも、たいていはまだ引き返せる状況にある。なのに、いつも絶対に引き返さない。「まあ、乗りかかった船だし」と間違った船に乗りつづけてしまう。やりかけたことを途中でやめる機能が私にはついていないらしいのだ。やめるどころか、ますます勢いよく間違った方向に突っ込んでいく。すでに間違っていると知っていながらその行為をつづけることは何か「任務」に似た陶酔をもたらすのだ。負け戦にあえて挑む高揚感にも似ている。

といっても、実は任務でもなんでもないからそこに意味はない。意味もないまま突っ走ってしまう。敬愛する作家・宮田珠己《みやたたまき》は『ときどき意味もなくずんずん歩く』という本を書いたが、そのタイトルを借りれば、「ときどき意味もなくずんずん走る」とでもなろうか。

本書にはそのように間違えた事例が三つ収録されている。ド素人なのにいきなりサハラ砂漠でのフルマラソンに挑戦するはめになった「世にも奇妙なマラソン大会」、バスで知り合ったおじさんに誘われるがままについていき、のっぴきならない状況に陥った「ブルガリアの岩と薔薇《ばら》」、そしてインド入国を目指して行った迷走劇「名前変更物語」である。いずれも純粋なノンフィクションだ。

もう一つ、アジア・アフリカで私が体験した不思議な話を集めた奇譚集「謎のペルシア商人——アジア・アフリカ奇譚集」を収録した。こちらは私はふつうなのだが、世界のほうが「間違っている」感じがする。だが間違っている（あるいは「ずれている」）のは同じなので、他の三編と合わせて読んでも違和感はないはずだ。

自分でもどうしてこう間違えるのか不思議なので、誰か本書を読んでその原因を突き止めることができたら、ぜひ教えていただきたいと思う。

世にも奇妙なマラソン大会　目次

世にも奇妙なマラソン大会

世にも奇妙なマラソン大会

サハラまんじゅうマラソン

深夜というのは、人間がろくでもないことに燃え上がる危険な時間帯である。

私もこれまでの人生で、情熱があふれすぎてびしょびしょのラブレターとか自分がスーパーマン的主人公の冒険小説などを作成し、翌朝見て思わず月面三回転半ひねりで身投げしたくなるような気分をさんざん味わってきた。

なのに、またしても深夜に変な代物に引っかかってしまったのは、深夜には翌朝の気分が絶対にわからないという簡単な事情による。

その晩、焼酎のお湯割でいい心持ちのまま、なんとなくネットを眺めていた。ブータンに行く予定だったが、それが大幅に延期されたので「どこかに何か面白いことはないか」と探していたのだ。

いくつか検索を試したあと、「アフリカ・中東　マラソン」と英語で打ち込んでみた。

なぜアフリカや中東でマラソンなのか。そう問い詰められると困るのだが、私はその頃、水泳のおかげで長くつづいた腰痛から解放され、体を使いたいという衝動にかられていた。ジョギングもはじめていた。「いつかはマラソンを走ってみたい」という思いと、「どうせ走るならユニークなマラソンがいい」という辺境愛好家の嗜好《しこう》が合わさって、てきとうに検索してみただけである。

アフリカ・中東エリアにマラソンなんてあるのかと思っていたら、意外にもたくさんヒットした。南アフリカの国立公園の中を俗にビッグ5と呼ばれる野生動物（ゾウ、クロサイ、ライオン、バッファロー、ヒョウ）を見ながら走るビッグファイブマラソン、タンザニアのキリマンジャロ山麓を走るキリマンジャロ・マラソン、死海のほとりを走る死海ウルトラマラソン……。

どれもこれもユニークである。だがユニークでありつつ、どこかベタな気もするのは、単に観光地にマラソンをくっつけているからだろう。マラソン大会ほど、簡単に開催できるスポーツイベントはない。設備が何もいらないからだ。日本でも村おこしや人集めを目的としたマラソンがいたるところで行われている。ご当地ネタに因《ちな》むという意味では「まんじゅう」と同じだ。典型例が種子島で、宇宙センターがあるというだけの理由で、ロケットまんじゅうとロケットマラソンの両方を売り物にしている。

さて、そういったアフリカのまんじゅうマラソンの中でひときわベタな名前が現れた。サハラ・マラソン。

詳細を見なくてもわかる。サハラ砂漠を走るのであろう。馬鹿馬鹿しいほどひねりのないマラソン大会である。でも魅力的なので、ページを開いた。

案の定、砂漠を走る男女のランナーたちの画像が出現したが、どうもふつうのまんじゅうマラソンとはちがう。大会概要は細かい文字でびっしり書かれており、英語なのですぐに全貌はわからないが、あちこちに「団結」とか「サハラウィの人々」という言葉が見える。

団結して走る、と聞くと駅伝を連想しそうだが、いくらエキデンが世界的になっても、サハラ砂漠でやるとは思えない。それにサハラウィとは何だろう。

目を凝らして読んでいって驚いた。このマラソンは、北アフリカのアルジェリア領で行われるが、そこは難民キャンプらしいのだ。「西サハラ」ことサハラ・アラブ民主共和国の人々が住んでいるとある。そしてその人たちのことをサハラウィ（西サハラ人）と呼ぶらしい。

西サハラの難民キャンプとは！

一般の日本人にはさっぱり馴染《なじ》みがないと思う。西サハラとはモロッコの隣にある細長い地域だ。もともとスペインの植民地だったが、西サハラの人々がポリサリオ戦線というゲリラを組織して独立のための武装闘争を開始した。スペインが撤退したら今度はモロッコ軍が占領してしまい、ポリサリオ戦線は以後、敵をモロッコとして戦いをつづけた。〝砂漠の戦争〟として一時期有名になったこともある。

最近ではめっきり噂も聞こえてこない。たしか戦闘はもう行われていないはずだが、どうなったのであろうか……という状況だ。

そう説明すると、トルコやイラクの「クルド」とか、ミャンマー（ビルマ）の「カレン」といった世界に数多《あまた》ある「見込みのない民族独立運動のひとつ」と思うかもしれない。だが、西サハラはちがう。世界のかなりの国から承認を受けているのだ。

なんといってもモロッコをのぞく全アフリカ諸国で承認されている。私は二十年以上前アフリカの中央部に行ったとき、よくアフリカ大陸の地図がデザインされたTシャツや布を身にまとっている人を見た。「アフリカの連帯」や「アフリカ万歳！」的な意味合いである。ときどきその大陸地図は、いちばん上といちばん下だけが黒く塗りつぶされていた。

二カ所とも「アフリカ統一機構（現・アフリカ連合）」に加盟していない国の領土だった。いちばん下は大陸の南端にある南アフリカ共和国。私が最初にアフリカに行った八〇年代はまだアパルトヘイトの時代であり、当然のことながら全アフリカ諸国から蛇《だ》蝎《かつ》のように嫌われていた。

そして大陸地図のいちばん上で黒く塗りつぶされているのはモロッコだった。西サハラをアフリカ統一機構が承認したのに反発し、モロッコは機構を脱退してしまったのだ。

非常識きわまるアパルトヘイトの南アフリカと同列にあるということで、アフリカにおける西サハラ問題の大きさを実感したものだ。

アパルトヘイトが終わりネルソン・マンデラが大統領になると南アフリカはごく自然にアフリカ連合に参加、結局今もって不参加なのはモロッコのみだ。今もその手のTシャツや布があるかどうか知らないが、もしあれば、モロッコの部分だけ黒く塗りつぶされていることになる。

サイトの記述を読むと、どうやら西サハラ問題は何も進展がないままで、サハラ砂漠の真ん中に難民とポリサリオ戦線の兵士たちが置き去りになっているらしい。サハラ・アラブ民主共和国の亡命政府もそこにあるという。そして、彼らの困窮を国際社会に訴え、少しでも役に立とうということで、十年前にこのマラソン大会がはじまり、今度で十回目を迎える――。つまり一種の市民運動なのだ。だから団結、団結と繰り返すのだ。同じ人集めでも難民支援、独立運動支援とは。難民キャンプ兼ゲリラの拠点でマラソン大会を開くとは。

サハラまんじゅうマラソン、面白すぎる！

この時点で私はもう興奮状態に陥ってしまった。

大会の日程を見ると、二月二十二日とある。今が二月四日。参加締切りの時期は書いてないが、もしかしたら間に合うかもしれない。

主催者のものとおぼしきメールアドレスがあったのでそこに宛ててメールを書いた。

「私は日本のライターで、ランニングを愛する者です。ぜひサハラ・マラソンに参加したいのですが、間に合いますか？　もし間に合うとすれば、どうすると参加できますか？」

自分が「ランニングを愛する者」だったなんて初めて知った。手が勝手に動いてしまったのだ。これも深夜によく見られる「お筆先」という心霊現象であろう。

メールを送ると、力尽きてパタッと寝た。

後悔先に立たず

翌朝目を覚まして思ったのは、案の定というべきか、「昨日はまずいことをしちゃったな……」というものだった。だが気持ちにはまだ余裕があった。マラソン大会は往々にして締切りが早いと聞いていた。一カ月、ときには二カ月前に締切りなんて大会も珍しくないらしい。ましてや、特殊なサハラ・マラソンなどとっくに締切りが終わっていても不思議ではない。だいたいサハラ・マラソンに自分が出るなんてことが夢のように遠く思え、実感がわかない。

ところが、朝飯を終えてメールチェックすると、「ディエゴ」なる人物からこんなメールが入っていた。

「やあ、ヒデユキ。君はまだ間に合うよ。十九日の夜九時にマドリッド空港の第四ターミナルに集合だ。ツアーの費用は八百五十ユーロ。当日に払ってくれればいい。アルジェリアのビザと飛行機のチケットを取るからパスポート番号を教えて。じゃ、またね」

なんと、参加があっさり認められてしまった。マドリッドからはチャーター便で直接難民キャンプの近くまで飛ぶという。それにしても、ディエゴの口調はフレンドリーだし、「夜九時、マドリッド空港集合」とは、まるで飲み会の連絡みたいだ。いいのだろうか、こんなに安直で。

嬉《うれ》しさと後悔が入りまじった複雑な気持ちで、妻に「ちょっといい？」と話しかけた。

「なに？」

「俺さ、今月の二十二日にサハラ・マラソンってやつに出ようと思うんだけど……」

「は？　マラソン？」

「うん」

「誰が出るの？」

「いや、俺だけど……」

「あんたが？　はあ⁉」

妻が驚くのも無理はない。私は四カ月くらい前からときどきジョギングをしていたが、週に一回か二回、長くても八キロ、短いときは四キロ走るだけだ。今まで最も長く走ったのは十五キロ。それもジョギングの途中で家の鍵を落とし、探しに戻ったので結果的に距離が伸びてしまっただけである。フルマラソンはおろか、ハーフマラソンの経験もない。しかも最近は三週間、まるっきり走っていない。

それがいきなりサハラ・マラソンだ。

だが妻はよくできた人だ。というより、新婚半年もしないうちに私が長旅に出たあげくミャンマーのジャングルで行方不明になるという事件以来、何が起きてもすぐ冷静さを取り戻す習性がついていた。

私が半分期待をこめて「俺がその時期、急にいなくなって何かまずいことはある？」と訊《き》いたら、「別にないよ」とあっさり答え、さっさと仕事に戻ってしまった。

妻からも許可が下りた。ということは、もう行けない理由は何もないということか。

この時点でじわじわと冷たい汗が出てきた。

サハラ砂漠を四十二キロも走るのか、俺……。

窓の外を見ると、雪が降っていた。ますますサハラ・マラソンが非現実的に思える。

ワンクリック詐欺にあったような、取り返しのつかないことをした気分だ。

だが取り返しがつかないといっても、深夜に書いたラブレターをそのままポストに投函してしまったときの絶望に比べたら大したことはない。それにこの非常識さには燃えるものがあるのも事実。

西サハラ難民がどうこうより、とにかく走らねばならない。

この日は雪だったので、次の日からジョギングを再開したのだが、これがまたショッキングだった。試しに久しぶりに十キロ走ってみたら、途中から両膝の外側が猛烈に痛くなり、歩いてしまったのだ。しかもジョギングが終わったあとも痛みが引かず、その日もその次の日も、ふつうに歩くのさえ辛《つら》かった。

マラソン大会まであと二週間あまりだというのに、超初心者の状態だ。

本当に「ヤバイ」と思ったのはこのときだった。

よく考えてみれば、サハラ砂漠まで来てマラソンを走るなんて人はふつうのマラソンを何度もこなしているベテランのランナーにちがいない。つまり世界中から猛者たちが集うわけだ。そしてその中に超初心者の私がまざる……。想像しただけで恐ろしい。

こりゃまずいと思った私は、他に仲間を募ることにした。たった一人超初心者がまじるからよくない。超初心者二人になれば多少ちがうんじゃないか。

真っ先に声をかけたのは本の雑誌社〝炎の営業〟こと杉江由次さんだ。杉江さんは一年以上前からジョギングをはじめ、毎週四十キロくらい走っているという。私よりはるかに本格的だが、彼もまだハーフにすら出場したことがない。未経験者同士、肩を寄せ合わせて顰蹙《ひんしゅく》の嵐をかいくぐろうという作戦だ。ただし杉江さんは私とちがい、会社員であり、二児の父である。そんなに簡単に休みはとれない。

さっそく、喫茶店に杉江さんを呼び出し、話してみたら、「え、サハラでマラソン？ゲリラの拠点を走る？　え、え、すっげー……」とまるであの晩の私を思わせる興奮ぶり。「おっ、これはいける！」とテーブルの下で拳を握り締めたが、最後にどんでん返しがきた。

「でも僕、パスポートがないんです」と言うのだ。

聞けば、海外旅行には十年前にグアムに一度行っただけだという。

あちゃー。今からパスポートの申請をしていたらとてもじゃないが間に合わない。飛行機の予約にパスポート番号は不可欠だ。

こういう勤勉な会社員に話を持ちかけたのがやはり失敗だった。フリーランスの暇人、つまり私と同じ種類の人間じゃないと無理だ。

声をかけたのは、二人。一人は早大探検部時代の先輩で、テレビのディレクターをしている竹村拡《たけむらひろむ》さん。五年前、ＮＨＫハイビジョンスペシャルの仕事で一緒に四十日、ミャンマーのロケに行ったことがある。もう一人は同じく探検部の後輩で、フリーのテレビカメラマン、宮澤信也《みやざわしんや》。彼とは去年一緒にソマリア内に存在する謎の独立国家ソマリランドに行った。

彼らは別にマラソンランナーではないが、早大探検部出身者として当然のように「西サハラ」問題を知っており、このマラソン大会の面白さにもピンと来たようだ。

二人ともテレビの仕事にいい加減疲れているところだった。「たまにはテレビじゃない仕事もしたい」というのが最近の口癖だ。この三人で何か面白いことをやろうという話を前からしていたので、彼らはすぐに乗ってきた。

ただ二人とも家族がいる。幸いにも、彼らのパートナーの女性たちも私の妻と同様、よくできた人たちで、「この人には何を言っても無駄だ」という正確な判断から出発を快諾してくれたようだ。

彼らは機材の準備や資料集めなどをはじめた。久しぶりに燃えているのがわかる。いっぽう、私の準備は走ることだが、これがどうにもうまくない。足の痛みは三日休んでようやく引いてきたが、その時点で出発まで残り二週間を切っていた。その後も「毎日十キロ走ろう」と決めたのに、どうにも疲れてしまい、一日おきにしか走れなかった。

気象条件もよくなかった。

皮肉にもマラソン参加を決めてから雪と氷雨ばかり。極度の乾燥と酷暑に備えなければいけないのに、毎回のように、手袋や靴やスウェットシャツが冷水でぐっしょり濡れ、十キロを走り終えても体が冷え切ったままという有様だった。

「マラソンのトレーニングには、山歩きがいい」と陸上の小出監督の本に書かれているのを見て、わざわざ箱根の山にも登ったが、ここも雪山だった。まるで埃のようにふかふかした新雪が、埃のように細かいと言われるサハラの砂に似ているじゃないかと自分に言い聞かせようとしたが、なかなか困難な作業だった。

結局、ジョギング初心者からほとんど進化することなく、出発の日を迎えていた。

最後に私を襲った大後悔は「なぜ、竹村先輩と宮澤を誘ってしまったんだろう」ということだった。彼らはマラソン大会の映像を撮るのだ。当然、私の走る様子も多少なりは写ることになるだろう。

途中棄権か時間切れかドクターストップか、とにかくみじめな結果になるのは間違いないのに、なぜわざわざそんな自分の姿を映像に収める準備をしてしまったのか。世界中の猛者に置き去りにされ、一人でよれよれになっているという状態を恐れるあまり、それをハイビジョンカメラで撮影するプロのスタッフを引き入れてしまったとは、我ながら間違うにもほどがある。

一人でひっそり出かけるべきだった。で、ダメだったときは「まあ、いろいろ大変で……」と口を濁し、万一完走できたときには「やりました！」と大々的に喧伝《けんでん》すればよかったのだ。

まさに後悔先に立たず。

かといって、今さら彼らに「やっぱり来なくていいですよ」とも言えず、マドリッド目指して出発してしまったのだった。

忘れられた戦争を思い出させる方法は？

私は旅先までのフライトが好きである。目的地の旅や取材が楽しみなら、期待感で盛り上がるし、逆になんらかの事情で——取材が難しそうだとか準備不足だとか——行き先に不安があるときには「できるだけ長く飛行機に乗っていたい」という逃避気分が満ち満ちて、狭い機内が憩いの場のような錯覚に陥る。

もちろん今回は後者だ。ルフトハンザ航空はさすがドイツのナショナルフラッグである。ビールを頼んだら、ドイツの瓶ビールが出てきた。これがめったやたらに美味《うま》い。

隣の竹村先輩にいたっては、「ビールにしようかな、ジントニックもいいな、どうしようかな……」と迷うあまり、「両方ください」と客室乗務員の男性に頼んでいた。「うははは」右手にビール、左手にジントニックを持った先輩はご機嫌である。「久しぶりの海外だから楽しまなくっちゃね」といったい何しに来たんだかわからない。先輩とはもう二十数年の付き合いだが、こういう天真爛漫《てんしんらんまん》さは学生時代から何ひとつ変わっていない。とても一流のドキュメンタリー・ディレクターとして評価される人に見えない。

呆れつつ、ドイツビールの深いコクを味わっていると、その能天気な先輩が、「そういえば高野、現地での車のこと、訊いてくれた？」といきなり言った。

しまったと思った。マラソン大会を撮影するためには車両が不可欠だから、使える車があるかどうか主催者に訊いてほしい、と先輩に頼まれていたのだ。だが私は自分の体力や体調の心配で精一杯、すっかり忘れていた。すみませんと謝ると、先輩は「あ、大丈夫だから。西サハラ政府の広報担当の人を紹介してもらってるから」と事も無げに言った。

西サハラ政府の広報担当？　いったいいつの間にコネを作っているのか。

驚いていると、先輩はビール瓶とジントニックのカップを引っくり返さないようにひじょうに苦労しながら、「よっこらしょ」とデイパックから書類の束を取り出し、私によこした。

「はい、これ、西サハラの資料」

さすがは先輩。能天気なふりをして、というか心底能天気な人なのだが、それとは別に仕事はきっちりしている。

聞けば、以前、先輩がイラクで劣化ウラン弾被害についての番組を作ったとき、平田《ひらた》伊都子《いつこ》さんという人にコーディネーターを頼んだのだが、その平田さんが西サハラについては日本で最も詳しいという。本人に会って、最新の情報と資料を仕入れてきたのだそうだ。

「結局、西サハラは九一年にモロッコと停戦してから、何も動きがないみたいだよ」と先輩は言った。

「住民投票で西サハラが独立するのかモロッコに帰属するのか決めることになって、国連の監視団体もあるんだけど、選挙民の登録でモロッコと西サハラの意見が食い違ってるってことらしい」

西サハラの「住民」の多くはもともと遊牧民である。身分証もなければ住所もない。誰が本来の住民であるか定義も難しいし、証明するのはもっと難しい。選挙に持ち込まれると不利なモロッコ側はそこに目をつけ、西サハラ側のいう「住民」の定義を否定。いっぽう、モロッコは、占領してから送り込んだモロッコ人の植民者をも「住民」と主張、こちらは当然西サハラが認めず、両者の主張は平行線をたどったままで、モロッコはこの占領を継続して既成事実化するつもりらしい。

国連は何も動かず、日本政府は「あくまで国連の決定に従う」という立場だから、これまた動かない。

「動きが全然ないんですね」私が言うと、

「そうなんだよ。テーマがないんだよなあ」

先輩はコメカミの辺りを手でガリガリかいた。悩むと、髪をかきむしるというのが先輩の癖である。かつて一緒にミャンマーに行ったとき、先輩は「ううう、どうしようかな」と言いながら食事の最中も両手で頭をかかえて髪をかきむしっていた。最初はこんなにマンガチックに悩む人がいるのかと驚いたが、毎日のことなのでやがて誰も気にしなくなり、先輩が「ううう……」と大声をあげながら髪をかきむしっていても、私たちスタッフは脇で楽しく談笑しながら飯を食っていた。悩むときも天真爛漫さが漂い、決して周囲を暗くさせないのである。

しかし先輩の悩みはもっともなものだった。今度撮影する映像を何に使うか決めていないが、誰か大勢の人に見てもらうことは間違いない。そのとき、「なぜ、いま、西サハラなのか」を提示しなければならない。テレビだろうが映画だろうがネット配信だろうが、同じだ。二十年前と何も変わっておらず、今も何も動きがないということになれば、見る側のモチベーションも上がらないわけだ。

忘れられた戦争——。それが西サハラの枕詞だ。サハラ・マラソンの公式サイトにもそう書かれている。世界的にそういう状況なのに、もともと地理的に遠く、関係も極めて薄い日本の人々に向けて西サハラ問題をどうアピールするか。

実はこれこそ、早稲田大学探検部の出身者が長年取り組んできた課題だった。

例えば、古賀美樹さんという人がいる。探検部では私の一つ後輩だが、歳は向こうが一つ上なのでほぼ「同期」だ。彼女も優秀なテレビ・ディレクターとして知られ、三年前に「西サハラ」のドキュメンタリー番組を撮影に出かけた。コーディネーターは平田さんが務めたという。だが、どういう理由かは不明だが番組は制作されなかった。どうやらロケがうまくいかなかったらしい。古賀さんはきっともう一度西サハラに挑戦するつもりだっただろうが、その一年後、ネパールを取材中に高山病で急死してしまった。

竹村先輩は古賀さんが書いた西サハラの企画書も持ってきていた。見てみると、難民の家族に話を聞くのが中心で、正直言ってあまりパッとしない。難民は世界中にたくさんいる。みんな大変なのは確かだが、同じような難民の話だと視聴者に訴えてこない。「どこかで聞いた話」になってしまうのだ。視聴者に親しみと共感をもってもらうためには、何か西サハラでしかないオリジナリティをもった物語が必要なのだ。

私の推測だが、古賀さんは現地で何か「テーマ」になるものを見つけるつもりだったのが、結局見つからなかったのかもしれない。

古賀さんよりはるか前、日本人ジャーナリストとして初めて西サハラを本格的に取材し、本を書いたのは私より二十歳くらい上の先輩、恵谷《えや》治《おさむ》氏だ。タイトルは『西サハラ――ポリサリオ戦線の記録』（朝日イブニングニュース社）。この人は先鋭的なジャーナリストで、アフガニスタン紛争でも日本人としていちばん先に取材して本を書いている。

恵谷さんが取材した一九七〇年代から八〇年代にかけては、まだ西サハラのゲリラであるポリサリオ戦線がモロッコ軍と激しい戦闘を繰り広げていたが、日本ではめったに報道されることがなかったようだ。おそらく日本とはあまりに縁が薄いし、当時はベトナム戦争とその後のカンボジア紛争真っ只中《まっただなか》で、マスコミの目が完全にそちらに向いていたせいだろう。

「人の行かないところへ行く」というへそ曲がりの探検部精神から恵谷さんも西サハラに出かけたにちがいない。

恵谷さんは、夜でもレイバンのサングラスをかけているコワモテだが、実は異常なくらい緻密な取材が持ち味だ。『西サハラ』も出発前に入手して多少目を通したが、人名、地名、組織名など、あまりに詳細で、正直言ってとても頭に入らなかった。

ただ一つ、「え！」と思ったのは、『星の王子さま』で知られるフランスの作家サン＝テグジュペリが国際郵便輸送機のパイロットを務めていたとき、飛んでいたのは西サハラの上空だったという箇所だ。

私は大学時代、フランス文学科に籍を置いていながら、フランス文学はまったく肌に合わず、唯一感じ入ったのはサン＝テグジュペリの名作『人間の土地』だった。小説ではないがエッセイというほど軽くなく、思索の書といった趣の作品だ。

サン＝テグジュペリが飛んでいたのはモロッコのカサブランカとセネガルのダカール

を結ぶ航路だ。当時は飛行機にレーダーもGPSもない。エンジンの性能も低かった。いつ、どこで嵐にあうか、飛行機が故障するかわからない。それを覚悟で郵便物の配達のために、命がけでサハラ砂漠の上を飛ぶ。

中でも航空士たちが最も恐れていたのは西サハラのエリアだった。なぜなら食料も水もなくて砂漠の真ん中に不時着するだけでひじょうに危険なのに、そこにはモール人という「不帰順族」が住んでいる。ヨーロッパ人に敵対し、見つけると捕虜にしたり、そのまま殺したりしてしまうのだ。サン＝テグジュペリの筆致では「未開の野蛮人」という調子で書かれている。

まさに冒険の日々。大学探検部所属の学生が興奮に胸を躍らせたのも無理はない。

だが実は恐ろしい現地民は西サハラ人だったらしいのだ。彼らの立場からすれば「不帰順族」なんてとんでもない話だ。自分たちの土地に向こうが勝手にやってきて占領したのだ。広い意味ではサン＝テグジュペリもヨーロッパの侵略者サイドの一員にすぎない（あとで本をもう一度読んだら「本当の征服とは殖民すること」などと書かれていて、サン＝テグジュペリがひじょうに積極的な植民地主義者だったことがわかる）。

そう考えると、『人間の土地』や『星の王子さま』でいまだに本当の「人間らしさ」を訴えていると評されるサン＝テグジュペリ作品の輝きが急に色あせて感じられてしまったものだ――と、そんなぐあいに西サハラを実感でき、恵谷さんの本をパラパラとめくるだけでもためになる。

次に登場するのは恵谷さんのさらに先輩にあたる作家の船戸与一《ふなどよいち》氏だ。船戸さんは恵谷さんをガイドに現地取材を行い、『猛《たけ》き箱舟（上・下）』（集英社文庫）を書き上げた。

今でいえばニート風の日本人青年が傭兵部隊に参加し、西サハラの砂漠でポリサリオ戦線と戦闘を繰り広げるが、その後思いがけない展開になり、血で血を洗う復讐劇がはじまる——。

この小説は日本冒険小説協会大賞を受賞し、ベストセラーになり、日本における西サハラ問題のランドマークにもなった。なぜなら、西サハラを舞台にした作品は、小説でもマンガでも映画でもおそらくこれしかない。今、日本人で「西サハラ」という言葉にピンと来る人がいれば、八割以上の確率で『猛き箱舟』を読んだ人たちだろう。私だって、長年、「西サハラ＝猛き箱舟」だった。

船戸さんは小説家だが、もともとルポライターだ。彼の小説は物語こそ荒唐無稽でも、基本設定はすべて事実である。組織名も通りの名前も現実のものだし、ホテルもレストランも実在している。だから船戸さんの小説を読めばその国（土地）の実情がとてもよくわかる。いわば、ルポルタージュをエンタメ化したのが船戸作品なのだ。

人々は西サハラに興味はなくても船戸与一の小説だから読む。面白い冒険小説だから読む。面白がりながら、西サハラの状況をおおまかには理解することができる。恵谷さんや平田さんの本をいきなり読んでもなかなか理解できないが、『猛き箱舟』なら誰でも簡単にわかる。しかも取材魔の惠谷さんが「あの人は尋常じゃない」と舌を巻く洞察力で、問題の核心をわしづかみにして読者に差し出す。人口に膾炙《かいしゃ》させるという意味で、エンターテインメントの役割の大きさを感じずにはいられない。

今回は映像の件は竹村先輩と宮澤に任せるしかないが、文章では私がきっちりとエンターテインメントに仕上げなければならない。何かよい方法があるのだろうか。マラソンが走れるかどうかも難問なのに、西サハラをアピールできるよい方法を見つけるのも同じくらい難問だ。

それを紛らすためにドイツビールやワインをさらに飲んだ。ランナーとしての心配のない先輩や宮澤も同じように飲んでいる。すっかり飲んだくれの集団と化した私たちは、ユーラシア大陸の東端から西端まで、成層圏の上を延々と運ばれていったのだった。

闇夜のサハラ砂漠

「マドリッド空港第四ターミナルに午後九時集合」というのが飲み会、じゃなくてマラソン大会の待ち合わせ場所である。

飲み会の待ち合わせにはたいていい遅れる私は、今回もまた遅刻した。マドリッド空港に着いたときにはすでに三十分過ぎだった。しかも私たちは「きっと難民キャンプでは酒は飲めないだろう」と、フランクフルトの免税店で酒のボトルをしこたま買い込んでいた。それを竹村先輩のトランクに入れようとしたらいっぱいで入らず、彼の衣類などを私と宮澤のザックに移し替えたりと、優先順位をとりちがえていると言われてもしかたのない、でも懸命な作業を展開していたらさらに時間が過ぎてしまった。

第四ターミナルというのがまるっきり別な場所だと判明、バスに乗って移動し、降りてからは荷物を抱えてよたよたと走る。すでに長時間の不眠と飲酒でどろどろに疲れていたが、ここで飛行機に乗りそこなったら何しに来たかわからないので、必死である。

かなり焦ったが、幸いにも、指定されたカウンターの前にジャージを着た人々がわさわさとうごめいていた。

「日本から来たタカノという者です」と名乗ると、大会スタッフとおぼしき若者が「ようこそ、サハラ・マラソンへ！」と明るく答え、搭乗リストにチェックを入れると、私たち三人に、サハラ・マラソン公認カレンダーをくれた。チェックインの列に並びながら、そのカレンダーをばらばらとめくった。そして目を瞠《みは》った。

「これは……すごい！」

見渡すかぎり砂と砂利しかない砂漠を走るアリのようなランナーや黄色い土埃にまみれながらアカシアの木の脇を走り抜けるサングラスをつけたランナーたち……。

ほんとうにサハラ砂漠のど真ん中を走っている――。

そう思った瞬間、脳内物質がざあざあと音を立てて全身に流れ出した。完走できるんだろうかとか、超初心者が参加していいのかとか、私ごときでは日本の読者に西サハラ問題のことを知らしめることなんかできないのではといった引け目もすっとんだ。あるのは、「なんでもいいからこんな凄《すご》いところを走りたい！」という究極的に自分勝手な興奮だった。

ランナーとライターという二つの属性のうち、いきなりランナー側に針が振れてしまったのだ。

今すぐ走りたいような気持ちだったが、実はここからが長い。マラソン大会が行われる西サハラの難民キャンプはアルジェリアの西端、ティンドゥーフという町から数十キロ行ったところにある。極端に交通の便が悪いところなので、今回は、大会主催者がアルジェリア航空の飛行機をチャーターし、マドリッド、ローマ、ロンドンの三都市から直接ティンドゥーフに乗り入れることになっている。

出発を待つうちに、脳内物質は出尽くしてしまった。体がずだ袋のように重い。

アルジェリア航空の飛行機に乗り込むと、スペイン人の集団がお祭り騒ぎを繰り広げていた。修学旅行のようだ。その喧騒《けんそう》の中、私たち三人だけが土気色の顔で疲労と眠気の泥沼に沈んでいた。

「具合が悪いのか？」と訊く人がいるので、「俺たちはもう二十四時間、移動をつづけているんだ」と答えると、その人までげっそりしていた。

マドリッドからアルジェリアの首都アルジェまでは二時間もかからなかったが、そこで飛行機を国内線に乗り換えてからさらに三時間。アルジェリアがアフリカ最大の面積を誇る大国だということを思い出させる。

午前三時半頃、ティンドゥーフの空港に到着した。飛行機からタラップを降りると、思わず体を震わせた。予想以上に寒い。

空港には巨大な軍用機の姿があった。ティンドゥーフという町は、ロンリープラネット社のガイドブックにも名前が出ていない。旅行者など誰も行かないらしい。アルジェリア軍の基地があるだけの町なのだ。

ここから、この奇妙なツアーがどんどん本領を発揮しはじめた。

まず、飛行機を降りたはいいが、誰も仕切る人がいない。空港というより鉄道の田舎駅のようなコンクリートの建物の前で、欧米各地から来た百人近くの人たちがひしめいて、「どうするんだ？」「どっち行けばいいんだ？」と互いに訊《たず》ねあうが、答えはなし。どこからか入国カードが回ってきたので、それに記入し、なんとなく入管とおぼしき列に並ぶ。

三十分くらいしてやっと順番が回ってきた。

「ボンジュール」と係官に挨拶され、「そうか、やっぱりアルジェリアなんだ」と思った。アルジェリアは旧仏領なので今でもフランス語が広く通じると聞いていた。いっぽう、西サハラは旧スペイン領だからスペイン語のほうが通じるという。どちらも旧宗主国と激しい戦闘を繰り広げたのに、結局はそのクビキから逃れることができないわけだ。

空港の外に出ても、相変わらず、仕切る人はいない。いや、トラックが何台か集まってきているから、スタッフはどこかにいるはずだが、とても全体を仕切る暇などないのだろう。

電灯はいくつもなく、ひじょうに暗い。ここからどうするのかわからないまま、二十分、三十分と時間が過ぎていく。

ふつうの観光ツアーなら、「おい、いったいどうなってるんだ⁉」「責任者はどこだ！」と怒号が飛んでもおかしくないが、さすが市民運動に参加しているアスリートの集団だけある。事情がよくわからないなりにも、みんなで協力しあって、荷物を外の道路まで運び、鉄錆《てつさび》が浮いたトラックにどしどし積み込む。

荷物を積むと、人間は大型バスに乗り込んだ。誰が先導しているのかもわからないまま、トラックとバスを何台も連ねたキャラバンが闇の中を滑り出した。

「昼間だったら、キャンプの様子が撮れたのになあ」と竹村先輩は残念そうに言う。

私も同感だ。砂漠の真ん中に忽然《こつぜん》とキャンプが出現するという光景を見れば、難民の置かれている立場が鮮明にわかる。だがこの暗闇では自分たちが砂漠にいるかどうかも定かでない。車内の人は口数も少なく、じっと息をひそめている。疲れているうえに冷え込みがきつい。頭に綿がつまったようで、半眠半覚のまま揺られる。

バスはのろのろと走る。道路状態があまりよくないのだろう。加えて、軍のチェックポイントがいくつもある。アルジェリア軍なのか、それともポリサリオ戦線なのかもわからないのだが。

一時間を優に過ぎ、バスは舗装道路をはずれ、右に左に大きく揺れながら集落の中に入っていった。

バスは止まり、私たちは外に出た。ここもまた暗かった。ザッ、ザッという砂を蹴る靴音がそこかしこで響いていた。私の足もザッ、ザッと音を立てていた。その度に自分の中の芯みたいなものがやはりザッ、ザッと二ミリずつくらいずれていくような気がした。異郷に来たことを実感していた。

歌をうたうような滑らかなスペイン語が流れているが、ときおりそれを断ち切るように、喉の奥から出すようなガラガラ声や腹の底から搾り出すような野太い声が聞こえる。西サハラ人のアラビア語だろう。

バスとトラックのヘッドライトの中に、白い息を吐く話者の姿も浮かび上がっていた。小柄だが背筋のぴんと伸びた銀髪の男性が拡声器を手にして「これから番号を言うので、それに従ってホスト・ファミリーのテントに行ってください」とスペイン語と英語で呼びかけた。

彼の周りには、頭と顔を粗い布のターバンでぐるぐると覆い、地面まで裾が届く長衣をまとった男たちが鋭い目を光らせていた。女性もいたが、これまた黒い布を頭からすっぽりかぶり、野生動物のような目の動きで私たちを見つめていた。

「ホスト・ファミリーって言葉からいちばん遠そうな人たちですねえ」と宮澤がいつものように、本気なのか冗談なのかわからない淡々とした口調で言った。

「55番」と私たちの番号が呼ばれたので進み出ると、二人の「ホスト・ファミリー」の男女が現れ、「こっちに来い」と手招きした。私たち三人の他に、なにじんかわからないがヨーロッパ人の女性が二人ついてきた。同宿のようだ。

私は途中で持っている荷物がずり落ち、直している間に、他の人たちの姿が見えなくなった。たちまち暗闇が押し寄せ、方向を見失った。土壁の影がぼんやり見えるだけで無音だ。頭上にはすさまじい数の星がギラギラと作り物のように光っていた。地上はこんなにも淋《さび》しいのに、天上はなぜこんなにも賑《にぎ》やかなのか——。

現実感が遠のきそうになったとき、こっちだと手を振る「ホスト・ファミリー」の姿がかろうじて見えた。

「テント泊」と聞いていたが、私たちが案内されたのは土壁の家だった。十畳くらいの大きな一間の部屋に絨毯《じゅうたん》が敷き詰められ、床には新品とおぼしきマットレスと毛布が人数分用意されていた。

黒いベールをかぶった、背の低く、ぽっちゃりした体型の女性が、身振りで「ここに寝なさいね」と言う。

とにかく体が冷え切っていて、疲れていて、眠かった。

体を乗せるとスポンジのように沈むマットレスの上に寝袋を敷き寝ようとしたが、それでもまだ寒気が去らない。さらに上から分厚い毛布をかけて眠りについた。

草木も生えぬ町

翌朝の十時頃、ホスト・ファミリーの家族とおぼしき男女数名が「おはよう！」とスペイン語で言いながら部屋に入ってきた。時差のせいか極度の眠気にもかかわらずうつらうつらとしか眠れなかった私はまだぐったりしていたが、起きないわけにはいかない。

簡単に挨拶してから、まず外に出ると、ものすごい光の量に目が眩《くら》んだ。世界が光の粒子でできているんじゃないかと思うほどだ。昨夜の闇とあまりに対照的で面食らうばかりである。

土地が平坦なせいで、遠くまで見渡すことはできないが、私がいるのは土壁の家が並ぶ一角だった。直射日光は強烈で、たった五分でも確実に私の肌をじりじりと焼いた。これまた昨夜の冷え込みが嘘《うそ》のようである。この熱の中でマラソンかと思うと、あらためて気が遠くなる。

家の中でネスカフェとミルクとパンの朝食をとりながら、歓談する。会話の中心はハムディという口ひげを生やした三十代の男性。ここの主人の弟だという。

「難民キャンプは全部で五カ所。ここは最も大きいキャンプでスマラという。人口はよくわからないが五万人くらい。難民キャンプ全体で約二十万くらいの人がいる」と説明してくれた。スペイン語が堪能だが、それもそのはず、キューバに六年留学し、その後スペインにも五年いたという。今はこの地で看護師をしている。

難民キャンプはこのスマラのほか、ラユーン（アル・アイユーン）、ダハラ、アウセルド、ラボニという名がつけられているが、いずれも西サハラに実在する都市の名前だとのことだ。日本人がもし難民になったらキャンプ名に「東京」とか「福島」とか「大分」などとつけるようなものだ。いつかは本物のその地へ帰りたいということなのだろう。

今はポリサリオ戦線とモロッコの戦闘はないのかと訊くと、「九一年に停戦になってから、戦闘はない。戦闘だけでなく何も変化がないよ」と苦笑いした。

「あんたたちは中国人か？」とハムディは笑顔を絶やさず私たちに訊く。中東・アフリカでこんなに嬉しそうに「中国人」という言葉を聞くことはあまりない。キューバ時代に同じ社会主義国から来た中国人と親しかったかららしい。

こんなふうに書くと、いかにも私がすらすらとスペイン語で会話をしていたようだが、それはちがう。私は以前かなり真面目にスペイン語を勉強し、南米旅行でも使っていたが、二十年も前の話だ。今ではすっかり忘却の彼方である。話のところどころがわかるにすぎない。

「宮澤、スペイン語すこしはわかるだろ？」と私は後輩のカメラマンに訊いた。彼は昔、アマゾンを旅行中、泥棒や強盗に襲われ一文無しになり、ペルー人の行商人に拾われ、道端でモノを売っていたことがある。当時はその程度のスペイン語は話せたということだが、「何も憶えてない。『カミサ、バラート（服、安いよ）！』くらいかな」と言う。行商のとき何百回も繰り返していたせいらしいが、そんな表現をここでどう使うのか。

だいたいの話を英語に通訳してくれるのは、同宿のマヌエラというオランダ人女性だった。四十歳くらいで下半身のがっしりした人である。語学の達者なオランダ人らしく英語はネイティヴ並みに堪能で、マドリッドに住んでいるためスペイン語も同じように流暢《りゅうちょう》。頼みもしないうちに通訳を買って出てくれていた。

もう一人のランナーは、カナリヤ諸島というスペインの沖縄みたいなトロピカルアイランドから来たスペイン人のシルヴィア。彼女は英語が片言しか話せない。

朝食が済んでから、昨日の晩に私たちを家に案内してくれた小太りの女性がやってきた。名前はメチュという。いかにも「ビッグママ」という感じで座の真ん中にどっかと座り、炭火でことことお湯を沸かして、お茶を入れはじめた。何度も何度も小さなコップに注いではポットに戻すという作業を繰り返す。洗練された動きが茶道のようでもある。実際、三十分以上たってから出されたお茶は、泡だった甘い緑茶で、一気に飲み干して主人に返すところも茶道の抹茶に似ていた。あとで知るが、西サハラ人はこのお茶が大好きで、下手をすると、一日中エンドレスで茶を飲んでいる。

私たちの西サハラの知識は一夜漬けなので、ときどき肝心の部分が抜け落ちている。「西サハラは二千キロもの長さの〝砂の壁〟で東西が分断されている」とハムディが言うのを聞いて「え、二千キロ！」とたまげてしまった。北海道の宗谷岬から九州の鹿児島までだって直線距離では二千キロには届かない。とてつもない長さだ。

砂漠の遊牧民ゲリラはどこからでもモロッコ占領地域に出没し駐屯地を攻撃してくる。だからモロッコ軍は高さ二メートルの土壁を作ってポリサリオ戦線の侵入を防ぐことにした。それが西サハラの〝砂の壁〟と呼ばれる代物なのだった。

北の遊牧民「匈奴《きょうど》」の侵入を防ぐため、中国の歴代の王朝は万里の長城を築いたが、まさか現代でもまったく同じ手口が使われているとは夢にも思わなかった。

もっともサハラ版万里の長城は中国をお手本にしたわけではなかった。

「イスラエルだ」とハムディは言う。

パレスチナでは、イスラエルが自爆テロを封じ込めるため、ヨルダン川西岸のパレスチナ人居住地区を囲むように「分離壁」を作っている。その方法をイスラエル軍がモロッコ軍に教えたという。

万里の長城よりイスラエル式の分離壁のほうが現代的なだけに始末がわるい。土壁に沿って大量の地雷をしかけているという。地雷があるかぎり壁には近づけない。それどころか、たまに雨が降ると、その地雷が流れ出してしまう。兵士だけでなく、近くを通りかかる民間の遊牧民が知らずに踏み、しばしば惨事を引き起こすという。

「この〝砂の壁〟は維持をするのにすごく金がかかる。モロッコの国家予算の四分の一はそれに使われているんだ。モロッコは難民対策費として国連から莫大《ばくだい》なカネをもらい、それを〝砂の壁〟維持に流用している。そして国連にカネを渡しているのは欧米の先進国なわけだ」

インテリらしい口調でハムディは言う。国家予算の四分の一という数字は正しいかどうか不明だが、二千キロにも及ぶ〝砂の壁〟を維持するのに莫大な費用が必要なのは確かだろう。

だが、中国の万里の長城が匈奴相手に役立たずだったと言われるように、サハラの〝砂の壁〟も西サハラ人を完全に遮断するには程遠い。

この話をしている最中に、ハムディの携帯に電話がかかってきた。

「僕の弟だ。いまモロッコの町で仕事をしている」

「え、モロッコに自由に行き来できるの？」

「もちろん。僕らにはいくらでも道がある」ハムディはにやっとした。

あとで訊くと、この難民キャンプには仕事がないので、男たちはあちこちへ出稼ぎに行くのがふつうらしい。アルジェリアの首都アルジェやモロッコにもふつうに出かけている。モロッコに占領されている西サハラの町へも当然簡単に行ける。ハムディの一家も被占領地に親戚が何人もいる。そして彼らは携帯電話で日常的に「やあ、元気？」と連絡をとりあっている。ちなみに、この難民キャンプで携帯の普及率は驚異的だ。年配の女性も高校生も当たり前に持っている。トルコやパキスタン、チュニジアなど、他のイスラム圏の田舎よりもはるかに進んでいる。

サハラ・マラソンは市民運動であり、ハムディらホスト・ファミリーも西サハラがいかに苦しんでいるか、モロッコがいかに非道なのか、われわれ外国人ランナーに訴えるのを役目としているのは間違いない。だから全部を鵜《う》呑《の》みにはできないのだが、〝砂の壁〟の維持にモロッコの国家予算の四分の一がかかるという話以外は、あとで恵谷さんと平田さんの本で確認できた。人道的にも国際法上も西サハラに断然、分があるのだ。ではなぜ欧米諸国はこの問題を解決できないのか。

その謎もハムディや他の西サハラ人の話で簡単に解けた。

「西サハラはアルジェリア、リビア、キューバがとても熱心に支援してくれている」というのだ。

うーん、それは全て反米国家じゃないか。冷戦時代は東側陣営で、冷戦以降も民主主義に移行せず、いずれも事実上、軍事独裁政権をつづけている。欧米諸国が本気で西サハラ問題解決に動かないわけだ。

時間がたつにつれ、マヌエラが通訳を面倒くさがりはじめ、私たちは会話についていけなくなった。周囲にはビッグママのほかに、女性が常に二、三人出入りしている。彼女たちはみな、イスラム圏にしては驚くほどオープンで物怖《ものお》じしない。平気で私たちに何か大声で話しかけてくる。

彼女たちはスペイン語を話さない。アラビア語だけだ。何度も何度も繰り返し、同じことを大声で訊くので、「これは……」と思い、てきとうに「ヤーバーン（日本）」と答えたら、「ああ、ヤーバーン」と納得してうんうん嬉しそうにうなずいていた。で、また何か大声で訊くのだが、もうこれ以上類推がきかない。「トーキョー」と言ったら、首を傾げていた。

アラビア語が話せたらな……と思った。私は十年くらい前、アラビア語もかなり真面目に勉強したことがある。アラビア半島のイエメンではアラビア語だけで一カ月半も生活し、アラビア語しか話せない詐欺師に騙《だま》されたくらいだから、当時はそこそこ話せたのだろう。だが、今となっては思い出すのはその詐欺師の顔くらいで、アラビア語は1から10までの数字も出てこない。要するに、アラビア語は私の脳に定着しなかったのだ。今回はツアーに参加しているだけだから、英語の通訳も頼んでいない。言葉がよくわからないというのは、この旅最初の落とし穴であった。

それでもやるべきことはやらねばならない。

まず、竹村&宮澤の撮影隊の準備。ビデオカメラ用のバッテリーの充電だ。ビデオのバッテリーが充電できなければ撮影が不可能になる。竹村先輩と宮澤はこんなところまで何をしに来たかわからない。実は今回最大の心配事でもあった。

だが案ずるより産むが易し。この家だけでなくどこの家にも大きなソーラーパネルが庭に広げられていた。そういえば夜、ぼんやりとだが電灯がついていた。太陽光発電をしているのだ。

「太陽がいっぱい」とハムディはアラン・ドロンのように言って笑った。「他は何もないけどね」

他には何もないと言いつつ、ここには金属製の貯水タンクが各家庭用に設置されており、政府の給水車が随時補給してくれるというし、台所を覗《のぞ》けばプロパンガスで料理を作っていた。これも政府がタダで支給してくれるという。

案外、生活はわるくないようだ。

次は私の準備である。

午後二時過ぎ、ローストチキンとフライドポテトという豪勢なランチをいただいてから、役所に出かけた。レースのエントリーがあるのだ。

このツアーは相変わらず、てきとうである。スケジュール表には「役所で受付」とあるが、役所の場所も記されていなければ地図もない。誰かがスピーカーで「こっちですよ」と流したりもしない。そんなことは自力で解決せよということだ。ここでは参加者が全員、ボランティアである。ボランティアとは人助けを志願した人というだけの意味ではなく、自発的に考え行動するという意味も含んでいるのかもしれない。

無論私たちは辺境慣れしているから、こんなことは問題でない。家の人に訊くと「あのアンテナのある辺り」と教えてくれた。それを目指して出かけていく。

大きな緑色のテントと土壁の家が立ち並ぶ砂の道を歩く。

最初、メガネのまま外に出ようとしたがあまりに眩《まぶ》しいので、コンタクトレンズに換え、サングラスをかけた。サングラスはマラソン用に持ってきたのだが日常的にも必需品だった。

——それにしても不思議なところだ。

と私は思った。

前から「宿泊はテント」と聞いていた。実際に大きなテントは各家庭にあり、昔はどうもそれだけで暮らしていたらしい。だがどの家庭もテントの周りに私たちが滞在しているような土壁にトタン屋根の家をいくつも建てている。つまり母屋はテントで、それを取り囲むようにふつうの家が建つという、変則的なスタイルだ。

変則的ではあるものの、町をざっと見れば特に違和感はない。だいたい、ここを何の先入観もなく見て「難民キャンプ」とわかる人はいないだろう。どう見てもふつうの「町」にしか見えない。それもかなり活気のある大きな町だ。

いっぽうで、「なんて乾燥した土地だろう」とも驚く。アカシアの木の一本も、いやそれどころか雑草の一本も生えていない。一面、砂と砂利である。一年に雨が降るのは二、三回というだけのことはある。

異常だ。砂漠地帯といっても、ふつう、人が住む集落にはヤシの木が生えていたり、多少、草地があったりする。水があるところに人が住むのだから当然だ。それがここには植物の類がいっさい見当たらない。

さらに驚かされたのは、ヤギである。ヤギの群れが大鍋に入れられた残飯をガツガツ食べている。

「ありえない」とつぶやいた。ヤギというのは過酷な環境に強い動物だ。針金のように固い草も食べる。だからこそ乾燥地帯で人はヤギを飼う。ヤギは家畜だが自分の食《く》い扶《ぶ》持《ち》は自分で探せるから重宝されるのだ。だがここにはいかなる植物もないから食べ物をやるしかない。外の世界から支給された食料を難民の人たちがヤギに分けている。ヤギも難民化しているのだ。おそらく、ヤギに残飯をやるのは世界広しといえどもここだけだろう。

やはり、ここは人の住む環境ではない。無理やり砂漠の中に人を住まわせているだけなのだ。

不思議なのは、この不自然な砂漠の町が決して貧しく見えないことだ。舗装されている道は一カ所もないが、がたぼこ道を自動車がけっこう走っている。しかも旧式とはいえ、ベンツのセダンが多い。

女性もそうとうに解放されている。頭から足や手の先まで布で覆っているが決してイスラムの縛りが厳しいのでなく、日焼けから守るためらしい。その証拠に、体を覆う布は色彩と模様が鮮やかだ。靴はブーツ、手には白い手袋、西洋人がビーチでかけるような派手なサングラスをした人が多い。ファッションモデルのような人さえいる。

向こうから、プロパンガスのボンベを蹴って、転がしながら、歩いてくる女の子がいた。サンダルで蹴ると、ボンベはごろごろ少し転がる。彼女はすたすたと歩いてはまたえいっと蹴る。ボンベはまた白い地面をいやいやをするように不規則に転がる。

私たちがその珍妙な光景を凝視すると、彼女は「えへへへ」と照れ笑いをしながらまたボンベを蹴り飛ばした。ボンベは砂漠の直射日光を受け、きら、きらと輝く。

おそらく、ボンベを運ぶ車がないのだろう。男手が足りないのかもしれない。だがそれでもプロパンガスはある。女の子が大通りでそれをえいっと蹴飛ばすあっけらかんとした明るさも持ちあわせている。

それはこの難民キャンプの、困窮しているような、そうでもないような、何とも判断のつかない状況を象徴しているように思えた。

ロマンティックは「罠」だった

役所は鉄塔の真下にあった。役所といっても、がらんとした大きな部屋が一つあるだけで、そこはサハラ・マラソン関係者に占領されていた。サハラ・マラソンのコースが壁に貼られ、サハラ・マラソンの参加記念品がテーブルに並べられ、その合間をジャージや短パン姿のランナーたちが歩き回り、さながら高校の文化祭の一展示場といった趣だ。

受付に行くと、「五キロ、十キロ、ハーフマラソン、フルマラソン」のいずれかを選ぶようにという指示が書かれている。ふつうのマラソンなら、参加する一カ月前にそん

プロパンガスのボンベを蹴飛ばして運ぶ女の子

なことは申し込むはずなのだが、この大会は鷹揚《おうよう》で、二日前に登録である。環境が特殊なので、現地に来てから自分の体調と相談して決めなさいということなのかもしれない。

受付の女の子に迷わず「フルマラソン」と告げると、横にいた竹村先輩が「え!?」と声をあげた。

「高野、本気でフルマラソンに出るの!?」

「当たり前ですよ。わざわざサハラくんだりまで来て、ハーフなんてもったいないじゃないですか」

「いや、でも無理なんじゃないか」竹村先輩はまだ信じかねる調子で、なおも「ドクターストップになるんじゃないか」とか「時間制限で途中でトラックに回収されるよ」などと主張する。ドクターストップはともかく、「時間制限」については私も気になった。

ちょうどそこにこの大会の主催者で、私がメールのやりとりをしたディエゴがいた。銀髪の美しい、大学教授のような風貌のスペイン人だ。本業はイベント・プロデューサーで、この大会については全て自腹でやっているという。

「時間制限は特に決めてないよ」とディエゴは穏やかな笑みを湛《たた》えて言った。「強いていえば日没までかな」

大学教授のような風貌だが、言うことは相変わらず大雑把である。

スタートが午前九時だから、日没が仮に五時だとしても、八時間もある。たしかにそ

ホスト・ファミリーの主人と遊牧民スタイルの私

難民キャンプの小学校を回る移動図書館

の間にはどんなに遅い選手もゴールに着くだろう。しかし逆にいえば、ものすごく遅くて途中で走るのが嫌になっても「時間制限」で終了させてもらえないということだ。そういう言い訳が利かないのだから、なんとしても最後まで走らなければいけない。

そう思うと、にわかに落ち着かなくなってきた。なんといっても私は練習でも最長十五キロしか走ったことがない。それが砂漠を四十二・一九五キロも走るのだ。足の筋肉がもつとはとうてい思えない。つまり客観的になると、竹村先輩と意見が一致するのである。

「早く練習しなきゃ」と焦ってきた。今さら練習も何もないが、少しでも体力アップにつながることをやらないと不安なのだ。さっき、ちょっと宿に忘れ物をとりに五十メートル軽く走ったら息が切れた。三日走っていないので、もう体がなまっているんじゃないかと思ってしまう。

そう思うのは私一人ではなかった。役所の外に出ると、まだ午後三時という暑い時間帯にかかわらず、何人ものランナーが走っている。おそらく気がせいて夕方まで待てないのだろう。

「私、もう五日も走ってないの」同宿のシルヴィアとばったり顔を合わせると、彼女も不安そうである。「ねえ、一緒に走らない？」

シルヴィアは年齢は私と同じ四十代らしいが、身長百五十センチそこそこで、細身だからずっと若く見える。図々しくてお喋《しゃべ》りで、いかにもおばさん気質であるオランダ人のマヌエラと対照的に、彼女は控えめで楚々《そそ》としている。笑顔の素敵な女性だ。しかも私と同様、「フルマラソンは初めて」と言い、初日からずっと自信なげな顔をしている。なにしろ「世界中の猛者の中で自分だけ超初心者」と思って萎縮していたから、こんなかよわくて優しい女性がそばにいるだけで癒される。思わず「大丈夫、僕が守ってあげるよ」と意味不明なことを言いたくなるくらいだ。

私たちは宿に戻ってランニングスタイルに着替えると、走り出した。シルヴィアは「できるだけゆっくりね」と言うので私は「わかってるよ」と微笑《ほほえ》んだ。

もう夕方の五時である。けっこう涼しい時間帯のはずだし、走るスピードも軽いジョギング程度だが、意外に暑い。砂漠では汗はあまりかかないだろうと思っていたが、とんでもない話で、額からこめかみから汗がだらだらと流れる。

それでも地元の人たちが声をかけてくれたり、手を振ってくれたりするので、嬉しい。子供たちがわーっと叫んで、こっちにダッシュしてきて、私やシルヴィアの手を握ってしばらく一緒に走ったりもする。中にはぜえぜえと荒い息をしながらも必死にいつまでもついてくる小さい子供たちもいて、「ほらほら、もうやめて帰りなさい」とシルヴィアが諭す。そのスペイン語を聞いて、私も同じ言葉を子供たちにかける。シルヴィアが私のほうを向いてにっこりと微笑む。私も微笑み返す。

なんだかカップルのようではないか。

もしかしてシルヴィアは私に気があるんじゃないだろうか。だいたい、ランニングなど一人で十分できるのにわざわざ私を誘っている。

なんだか別の意味でドキドキしてきた。

シルヴィアは私よりやや前に出て、彼女が道を決めるように走る。私の変な期待に応えるように、彼女はどんどん町外れの方向に走っていく。三十分くらい走ると、土壁の家もまばらで、人影もなくなった。

彼女はまっすぐ砂漠を目指して走っていく。と、彼女は不意に「あら、あれ見て！」と斜め前方を指差した。

小高い砂丘の上にラクダが一頭立っているのが、夕日の中にシルエットで浮かび上がっていた。

「美しいわ」とシルヴィアがうっとりしたように言う。

「ほんとだ。きれいだね」と私も答えた。

不思議だ。素敵なスペイン女性と二人きりでサハラ砂漠を走り、ラクダを見て「美しいね」なんて言っている。夢にも思わなかった展開だ。あの深夜のワンクリックがこんなロマンティックな場面を実現させたのだ。人生はわからないとつくづく感じ入る。

だが、夢のような時間はここまでだった。

さすがに道も定かでない砂漠の中に入り込むのは危険なので、元来た方向に戻ることにした。それはいいのだが、シルヴィアのスピードがどんどん上がっている。彼女は小柄ながら、腕を大きく振り体重を前足にかけるダイナミックな走りをしている。私が何度も「ゆっくり！」と声をかけ、彼女も「オーケー！」と答えているのに、いっこうにスピードを落とさない。スタミナも満点のようだ。私はどんどん引き離されていく。

一時的に必死で速度を上げて彼女の横に並び、「ほんとに初マラソンなの？」と訊くと、彼女は「ほんとよ」と涼しい顔で微笑んだ。「今までは山岳マラソンしかやったことない。平地のマラソンは初めてよ」

私は砂の中に転倒しそうになった。なんでも彼女はスペインの標高二千メートル級の山を四十二・一九五キロ走るマラソンに何度か出場したことがあり、また故郷のカナリヤ諸島でも、毎日の練習はやはり二千メートル級の険しい山岳地帯を上り下りしているという。

騙された。この人も「世界中から集まった猛者」の一人だったのだ。真面目で努力家で能力も高いのに本人だけがそれに気づいていない。昔、小学校や中学校でこの手の女子がいたことを思い出した。そういう女子はたいてい学級委員をやっていた。シルヴィアもカナリヤ諸島で学級委員だったのかもしれない。

ショックを受けた私がまたガクンとペースダウンをすると、彼女はあっという間に十メートル以上離れてしまった。私もついていこうとするのだが、足が思うように動かない。もともとの体力もさることながら、砂漠のせいでもある。やっぱりふだん走っているアスファルトの道路とは桁違いに走りにくい。砂利がごろごろしているところはシューズが小石に乗って滑るし、岩がゴツゴツしたガレ場は体に振動が響く。シルヴィアは平然としている。山岳マラソンランナーなら足場のわるさなど慣れたものなのだろう。

しかもシルヴィアは、いったん町に入りながら、再び集落を出て何もない砂漠めがけてずんずん走っていく。地面はにわかにさらさらの本当の砂に変わった。シューズが砂にずぶっと埋まり、蹴っても前に進まない。

「おーい、どこに行くの！」私は大声で叫んだ。シルヴィアはもう五十メートル以上先である。

「え？　家に帰るのよ」シルヴィアが叫び返す。

耳を疑った。どうして家に帰るのに、集落を出て砂漠に行くんだ？　ちがう、こっちだとわめくと、シルヴィアは戻ってきた。そして、言った。

「あのね、実はわたし、ものすごい方向音痴なの」

あまりに方向感覚がないので、一人で練習に出かけたら絶対に死ぬと思い、誰でもいいから必ず誰かと一緒に走ると決めた。そしてたまたま私が近くにいたので誘ったということらしい。

私に気があるのでもなんでもなかったわけである。

そんな妄想にとらわれる私も非常識だが、シルヴィアの方向音痴ぶりも尋常ではなかった。それからも、彼女は抜群のスピードで、何度も集落を突き抜けて砂漠に突入しようとする。家に帰るのにどうして砂漠に向かうのだ。方向音痴というより徘徊《はいかい》老人のようだ。

その度私は大声で制止するが、ときには声も届かないほど遠くに行ってしまうため、私も意を決して猛ダッシュをかけて、叫び声が聞こえる圏内まで接近しなければならなかった。

家に戻ったのは、一時間十五分後だった。前半は素敵な女性と砂漠デートの錯覚に浸り、後半はシルヴィアの砂漠突入制止に懸命で、つまり両方ともハイだったため、あまり疲れたという感覚はなかったのだが、軒下の日陰に入った途端、目眩《めまい》がしてしゃがみこんでしまった。膝がちょっとガクガクしている。

疲労にくわえ、どうやら熱中症らしい。今はほんの十キロ程度しか走っていない。しかも夕方だ。

本番は真っ昼間にこの四倍以上走るのだ。別な意味でまた目眩がしてきそうだ。

素早く普段着に着替えたシルヴィアが、マヌエラと一緒に外に出かけるのが見えた。

彼女は地元の少年たちとふざけて追いかけっこをしていた。まだ全然走り足りないようである。私はそっとため息をついた。

大スペイン共栄圏という落とし穴

「ねえ、知ってる?」と宮澤が言った。「あの連中さ、俺たちの前で平気で着替えているよ」

あの連中とはマヌエラとシルヴィアのことだ。二人とも朝からどこかへ出かけている。そして私たちは朝から部屋でうだうだしていた。

「知ってるよ」と私は答えた。

ヨーロッパ人女性は無頓着なのだろうか、彼女たちは平気でズボンを脱いだり穿いたりしている。

「いや、そんなもんじゃない」と竹村先輩は言う。「昨日、高野が走りに行ってたとき、マヌエラはシャツを脱いで、おっぱいをタオルで拭いてたよ」

「マヌエラはさ、パンツまで脱いでるよ」宮澤はうんざりした口調で付け加えた。

私もげっそりした。そりゃひどい。私たちでさえ、下着をかえるときはトイレまで行っている。いくらなんでも失礼だろう。

「あの連中はさ、俺たちが男だなんて思ってないんだよ」宮澤が憤る。

「そうだよなあ。じゃなけりゃ、俺たちの前でおっぱい拭いたりパンツを脱いだりしないよなあ」竹村先輩が嘆息した。

「アジア人は人間と思ってないんじゃないの」

「もっと若い女なら許せるけど、連中は単におばさんだからな」

「ほんとだよな」

彼らと一緒に憤りつつ、私は疑問をおぼえてならない。

どうして私はこんな話題で盛り上がっているのだろう。明日はレース本番だというのに。

私はエアポケットに落ち込んだような、変な時空間に漂っているような気がした。昨日シルヴィアと十キロちょっと走っただけで、すっかり疲れてしまい、今日は練習する気力がわかない。これ以上、自分の実力を見つめたくない。かといって他にやることもない。

「世界中の猛者のあいだに超初心者自分一人」という状況を恐れていた私だが、幸いにもそういう雰囲気は皆無だった。この宿に泊まっているのは五人。そのうち、竹村先輩と宮澤はレースに出場しない。学級委員のシルヴィアは実力者だが、いまだにレースに怯《おび》えている。そしてマヌエラといえば、マラソンに何度も出場経験があるというのに、まるっきりレースに関心がないようだった。

彼女は世話焼きで、頭に思いついたことは全部口にしなければいられない性質で、しかも自分＝世界常識と思い込んでいる。つまり根っからのオバサン体質だが、もっと突き詰めれば「ボランティアおばさん」だった。

彼女はここに日本円にして百万円近くも持ってきていた。こっちの子供たちのために、毛布やマットレス、教室で使う道具、食糧などを買ってあげるのだという。

お金はマドリッドで集めた。その手法がすごい。マヌエラ本人に三人、小学生の子供がいる。その小学校の先生とＰＴＡに話を持っていった。同時に企業を回り、スポンサーを見つけた。

日にちを決めて、学校の児童をグラウンドで走らせる。子供が一人一周走るごとに、例えば「一ユーロ」と計算する。もし五十人の子供が参加し、一人四周、全部で二百周したら二百ユーロを企業が支払う。つまり、西サハラの子供たちのために、まずスペインの子供が努力する。そしてその努力に対し、企業が現金で評価するというシステムらしいのだ。

マヌエラはやり手なので、参加企業をいくつも口説いたうえ、子供たちにハッパをかけた。「あんたたちが頑張らないと、西サハラの子供たちは生きていけない」。

結果、小学生たちは大挙して参加し、必死でグラウンドを走った。で、百万円近くもゲットしてしまったのだという。

ヨーロッパはボランティア先進国とは聞いていたが、そんな方法があるとは知らなかった。しかもここまで「西サハラの子供たちのために」と言うから、いったい何度マヌエラは西サハラに来たことがあるのかと思ったら、「今回が初めて」とけろっとした顔で言う。

「サハラ・マラソンのウェブサイトを見て、『これは何かしなきゃ』って思ったのよ」

よほど思い込みが強くないと、ネットのサイトを見ただけでこんな活動はできない。

いっぽう、カナリヤ諸島の学級委員ことシルヴィアはごくふつうの人で、まずランナーとして走りに来ているからもちろんそんなことはしていないが、それでも通学かばん、筆記用具、女の子の髪飾りなどをどっさり持ってきていた。どれもこれもセンスのいい品で、新品だ。

キャンプを歩いていても、子供たちがピカピカのペンや玩具を持って歩いているのによく出くわす。

実は、出発前、ディエゴからの通知メールで、「筆記用具や玩具などを持ってきてくれれば、サハラの子供たちは喜ぶだろう」と書かれていた。

だから私たち三人も少なからず持ってきていたのだが、すべて「家に余っている筆記用具」であった。捨てるのはもったいないからこっちの子に使ってほしいという感覚である。

ところが、どうも、ヨーロッパでは中古のいらない品をあげるという感覚が薄いようなのだ。当然のように、新品を買ってあげている。もらう西サハラの子供たちにしても、やっぱりもらうなら新品がいいに決まっている。この家の子供もシルヴィアやマヌエラからもらったときは本当に嬉しそうだった。

まあ、私たち三人はボランティア活動などやっていないし、日本人としても特に遅れているのかもしれないが、それにしてもヨーロッパのボランティアには瞠目《どうもく》するものがある。

このサハラ・マラソンというイベント自体がボランティア活動の一端なわけだが、実はここで行われているのはマラソンだけではなかった。サハラ自転車レースやらサハラ映画祭やらサハラ美術週間やら、年間にいくつものイベントが開催されているらしい。いずれも西サハラ支援のボランティア活動だ。その都度、ここのキャンプの人たちは直接間接に潤うという仕組みができあがっている。

それだけではない。

私たちの家にはひっきりなしにホスト・ファミリーの一族やら友だちやらが訪ねてくるし、外を歩いていてもいろんな人たちに話しかけられるが、スペイン語の達者な人が多い。訊けば、キューバに留学していたという人も何人かいたが、スペイン留学経験者も多い。

キューバは、アルジェリアやリビアと並び、西サハラの強力な支援国だから、まだ話はわかる。だがスペインにどうやって留学するのか。

そう訊くと、「スペイン人のボランティアがお金を出して面倒をみる」という答えがかえってきた。

町で出会ったあるスペイン人ランナーはこう言う。「スペインは西サハラを植民地にしていたのだから、当然責任があるのに政府は何もしない。だから市民がその代わりにいろいろやっているんだ」

西サハラ関係のイベントに参加した人たちを中心に、ふつうの個人が西サハラの子供を二年や三年も自宅であずかり、生活の面倒をみて、学校へ行かせるというのである。その経済的負担や労力はそうとうなものだろう。しかも、赤ん坊から年寄りまで含めてたかだか二十万人しかいないサハラ人のうち、ここ十年足らずで八千人もの子供がそういう恩恵にあずかり、スペインで何年か教育を受けているという。

難民キャンプや内戦では「子供の教育」が最も重要な問題の一つだ。先進国で生活をし、勉強ができれば、たとえ二年程度であっても、この砂漠の閉じた世界で暮らすより桁違いの見識が得られる。民主主義の概念、インターネットの利用、国際社会の仕組みなどを理解することができる。

難民の子供の教育の大切さは誰でもわかっているが、なかなか実行はされない。日本人でそんな「里親」を引き受けている人がいったい何人いるだろう。

いくら他人に奉仕するというのがクリスチャンの伝統であり、スペインがヨーロッパでもまだ信仰に熱心な地域だといっても、やはり驚かざるをえない。

ヨーロッパは世界で最初に植民地経営をはじめ、いまだに世界のあちこちで搾取をつづけている。いわば植民地先進国だが、それを補完するボランティア先進国でもあることをつくづく痛感する。

いっぽう、私たちはどうか。ボランティアに来たわけではないのはしかたないとして、取材もろくにできていない。今日も昼からうだうだと部屋でお喋りしているのは、することがないからだ。私たちはスペイン語がよくわからない。私は生活最低限のことくらいの片言はだんだん思い出してきて、多少会話をしていたが、とても取材の通訳はできない。

竹村先輩はジャーナリストの平田さんのコネで、西サハラ政府の広報担当の人に連絡をとろうとしていたが、彼らもこのイベントで忙しいらしく、いっこうに捕まらない。

初めのうちはマヌエラが通訳をしてくれたから、けっこうホスト・ファミリー一族と話もできたのだが、次第に彼女も通訳を面倒くさがるようになり、二日目の午後くらいからはさっぱりだ。彼らがみんなでスペイン語で楽しそうに笑っているのを、私たちだけが、ぼんやりした顔で眺めているだけだった。

私たちもただ家でだらだらしていただけではない。西サハラ政府の大臣がスピーチをし、西サハラの現状を説明するというので、会場に出かけてみたが、スペイン語だけで英語の通訳がなく、ほとんど何もわからずじまいだった。いちおう撮影はしたが、内容が使えるのかどうかもわからない。

よくもわるくも、西サハラは〝大スペイン共栄圏〟の中で生きているんだなとしみじみ思う。日本人など、お呼びじゃないのである。私たちの中に少しずつ徒労感がたまっていった。

なぜ西サハラは女性の王国になったのか

他の人がいない隙を見計らい、私たちはフランクフルトの空港で仕入れたジンやウォッカのボトルを取り出し、水のペットボトルに移し替え、さりげなくちびちびと飲んでいた。

マヌエラたちが品のないおばさんなら、私たちはまるでケチな不良高校生である。

とはいうものの、家でうだうだしていたり、町をぶらついていたりするだけでも、わかることはいくらかある。

何よりも驚くのはここが女性中心の世界だということだ。私たちの泊まっている家は、「主人」と呼ぶべき男性がいるのだが、四日間の滞在で結局一度ちらっとしか顔を出さなかった。ふだんはずっとビッグママのメチュが仕切っている。

イスラム世界では大変珍しい。多くのイスラム圏では、私が家に招かれても奥さんや娘は顔を出さない。もし現れてもあくまで控えめに黙っている。基本的にイスラムの女性は家族以外の男性と口をきいてはいけないのだ。フランス文化が浸透しているチュニジアでもそうだった。

ところが、この西サハラのキャンプでは、家で客をもてなすのが女性の役目のようなのだ。メチュ以外にも常時、二人か三人の女性（おそらくメチュの家族か親戚）が私たちの部屋におり、お喋りに興じたり、ときには横になって寝ている。外国人の男しかいない空間でムスリムの女性が昼寝をするなんて、ふつうでは考えられない。もしこれがサウジアラビアやパキスタンなら、その女性も私たちも即射殺されている。

「ここの人はどうかしている」「ありえないよ」と、イスラム圏での体験が豊かな竹村先輩や宮澤も呆れ果てていた。

しかしメチュの家はまだよかった。のちに私たちは別のキャンプに移動してまたホームステイをしたのだが、そこの家には男性が一人も存在しなかった。女性だけの家に宿泊していたのだ。

町を歩いていて、あまりに暑いので、手近にあった家のテントにお邪魔したことがある。そこにいたのは男二人だったが、にこにこしていたものの、お茶も出してくれない。どうしていいかわからないようだ。しばらくして、女性が現れ、手際よくお茶の準備をはじめた。

メチュの家でも、男はたくさんいる。というか、ひっきりなしに出入りしている。ところが彼らはみな、どこか「お客さん」的なのである。まず毎日見る人はいない。「主人」も含め、昨日いた人は今日はおらず、今日いる人は昨日いなかったという具合だ。初日の朝、西サハラの現状を手際よく説明してくれたハムディもそれっきり二度と顔を見ることはなかった。

彼らは私たちの部屋に来ると、私たちとお喋りはするが、食事を運んだりお茶を入れたりという、イスラムの男性が当然やるべきことをしない。私たちと同じように出されたものを飲み食いし、終わるとどこかに去っていく。

この極端な女性中心の生活は、戦争から来たものではないかと私は推測した。私が今まで訪れたイスラム圏のうち、ここにいちばん似ていると思うのは旧ソマリア内の独立国ソマリランドだ。ここほどではないが、あそこも女性が自由を謳歌《おうか》しており、店を営んだり、男たちと平気で喋ったりしていた。そして、ソマリランドの女性が「解放」されている最大の理由は内戦が長くつづいたからだという。

ソマリランドでは旧ソマリアから分離独立を目指すゲリラ活動がつづいていたのだが、戦争になると当然男は兵士として前線に赴いて家に不在がちになる。誰か来客があれば女性が対応しなければならない。買い物でもなんでも（イスラム圏では買い物も市場で品物を売るのも基本的に男の仕事）しなければならない。外出もする必要にかられる。

さらに、男が戦っている間、女性が細かい商売をして生活費を稼いだり、近所の人たちと物資補給のネットワークを作ったりした。怪我《けが》をした男たちが前線から戻ってくると看護するのも女性だし、ときには軍事的な使者を女性が行うこともあった。女性のほうが敵に見咎《みとが》められにくいからだ。

そうしてソマリランドでは、あくまで結果的にだが、女性の地位が向上したと言われている。ここ西サハラの難民キャンプでも同じ現象が起きて不思議はない。そう思って、平田さんの本を読んでいたら、やはり「男たちが前線に出かけていないのなら女がやるしかない。そうして彼女たちはたくましくなった」などと書いてあった。現在は二十年近く停戦しているから、兵士として前線にいる者は少ないだろう。その代わり、アルジェやモロッコに出稼ぎに行っている者は多いようだ。結局、ソマリランド以上に、この町はイスラム世界に稀《まれ》な「女性の王国」になったようである。

毎日、顔を出すのは裏の家に住んでいるムハンマドという眼鏡をかけた人くらいだ。メチュの妹の夫だという。彼は私たちが到着した日に所有していたランドローバーが火事で燃えてしまうという不運にあっていた。貴重な車がダメになり、さぞかしショックを受けていると思いきや、ひょうひょうとした顔で車の分解をはじめた。焼け焦げた部分は捨て、使えそうな部品だけをとりはずすのである。

その仕事に疲れると彼は私たちのところにやってくる。この家の水やガス、電気事情を案内してくれたのも彼だし、私が大会主催者からもらったゼッケンをTシャツに縫いつけるのを手伝ってくれたのも彼だった（他のランナーはみんなゼッケンをつけるために安全ピンを持参してきた。常識らしい）。

ムハンマドが針と糸を持ってきたのだが、針は先が丸く、糸は太すぎたため、なかなかゼッケンを通らない。他の男たちが「いや、そうじゃない」とか「俺にやらせろ」といった調子で私の周りに群がって一騒動だった。

その彼に竹村先輩たちは「西サハラの取材はできないか」と訊ねた。テレビ番組にしても別のものにしても、このキャンプだけでは作品として成立しないと彼は言う。西サハラの現状を見て、そこに今も住む人たちに話を聞かないといけない。もっともである。

ところがムハンマドたちは「それは難しい」と首をひねった。

「モロッコ政府は外国のジャーナリストが西サハラに入れないように厳しく取り締まっているからね」

「ツーリストとしてこっそり入るのはダメかな？」

「そりゃ入れることは入れる。でも話を聞くのは無理だ。ずっとモロッコの警察や軍に見張られているから。例えば僕の親戚や友だちをあなたたちに紹介することもできるし、向こうでサハラ人と知り合って彼らの家に行くこともできるだろう。で、あなたたちが彼らに会って話を聞いたとする。でもそのあとで、彼らはモロッコの警察や軍にどんなひどい目にあうかわからない。あまりに危険だ」

「そうか、現地の人たちに危害が及ぶのか……」

自分たちだけならリスクを厭《いと》わない竹村先輩もさすがに意気消沈してしまった。サハラの男たちがどこにともなく去っていくと、「どうにもならないな……」とため息をつきながらジンの入ったボトルにまた手を出していた。

テンションがどうにも上がらない私たちにとって、最大の心の拠《よ》り所《どころ》はビッグママのメチュだった。

一時半にもなってまだ昼食が出ないので、私たちが「腹減ったなあ」とぼんやりしながらジンをちびちびやっていると、彼女がぬっと顔を出した。

身振りで「ご飯、食べた？」と訊くので、首を振ると、彼女はびっくり仰天という顔をする。手をパンパン叩《たた》いて、アラビア語と片言のスペイン語と身振りで怒鳴る。

「どうしてご飯を食べてないの！　ダメじゃないの。早く言いなさいよ！」

あらー、まったくこの人たちはしょうがないんだから……という調子で、彼女が私たちの視界から消えても、その大げさな嘆きの声は台所のほうから響いてくる。そして二十分後にはどかんと大皿に食べ切れない量のパスタやクスクスやパンを持ってくる。私たちが食べるのを横でじっと見て、何度も何度も「いっぱい食べなさい」と言う。

彼女は政治的な話は一切しようとしない。何か私たちに西サハラのよい印象を与えようという意図もまったく感じさせない。あるのはただひたすらな母性的な愛情のみで、刻々と近づくレースを思って憂鬱な私も、取材ができずに欲求不満やるかたない竹村先輩たちも彼女に心底癒されたのだった。

私は全アジア代表

夕方、役所の近くで記者会見が行われた。

私たちもまた歩いて出かけた。ぞくぞくとランナーたちが集結している。私たち（正確には私だけ）のようなアジア人は珍しいのだろう、昨日からいろんな人が話しかけてくる。

昨日はスペインのバスク地方のテレビ局のスタッフが挨拶してきたし、このときはスペイン人のグループとドイツ人の男性が声をかけてきた。

挨拶して、日本から来たと言うと、お決まりのように、「何に出るのか」という質問になる。それで「フルマラソンだ」と答える。

もし相手が同じフルマラソンだと「おお、僕もだよ」「私も」と猛者同士のように握手を求めてくるし、相手がハーフ出場の場合は「いや、すごいな。僕はとてもフルは無理だ。頑張ってね」とまるで私が世界の猛者の一人のような敬意の眼差《まなざ》しで見つめたりする。

いずれにしても勘違いなので、必ず「僕はマラソンは初めて。ハーフすら走ったことはない」と付け加えると、とたんに相手の表情は変わる。

「すごい勇気だ」とびっくりする人はまだマシで、「クレイジー！」と呆れ果てる人や、「ほんと？　信じられない」とつぶやいて去っていく人すらいる。記者会見場の近くで会ったスペイン人の三人組は私の言葉に沈黙して、にこりともしなかった。なんと反応したらいいかわからないらしかった。

どうも私は世界的にも非常識らしい。それに気づくと、にわかに緊張してきた。昨日の疲労困憊《こんぱい》と熱中症を思い出し、「やっぱり間違いだった」という後悔が頭をもたげる。

記者会見場は世界からの猛者でごった返していた。

ディエゴがスペイン語と英語の両方で説明してくれるのでありがたい。それによれば、今回の大会には計二十八カ国の人が参加している。

「ヨーロッパのほぼ全ての国、アメリカ合衆国、カナダ、メキシコ、オーストラリア、そして日本」と彼が言うと、軽いどよめきが起きた。

なんと、アジアから参加しているのは私一人だった。あの広大で四十億人が住むアジアの中で私だけなのである。

すごいことではないか。日本代表どころじゃない。私はアジア代表なのだ。

ここに来てから初めて「やっぱり参加してよかった」と思った。

私が参加することで、ディエゴたちは「ヨーロッパ、アフリカ、アジア、アメリカ、オセアニア、つまり世界の全地域から参加者が集まった」と言えるわけである。アジアがないのとあるのとではアピールの力がちがう。それだけでも私は確実に役に立てたといえる。どうやら今大会にかぎらずこのサハラ・マラソン史上初のアジア人でもあるらしいから、もしかすると偉業なのかもしれない。だが、アジア代表ということは私がもし途中棄権をしたらその瞬間「アジア勢全滅」ということになる。嫌だなあ、それも。もうここでお役御免にしてもらいたいくらいだ。

ディエゴによれば、今大会の参加者は外国人が五百人以上、サハラ人が四百人以上、アルジェリア人が八十人以上で、それぞれ過去最高の人数を記録したという（正確な人数が数えられていないのは、この大会ができとうだからである）。

フルマラソン参加者はそのうち二百三十人以上。やはりフルマラソンは「選ばれた人」的な感じがする。しかし、真に驚くべきはサハラ人の選手がフルマラソンに二十人以上出場するということだ。

マラソンは裕福な人のやることである。例えば、世界中でジョギングの習慣をもつ人はほとんどが先進国の人間だ。アジア、アフリカで趣味や健康のためにジョギングなんかしている人はめったに見かけない。いたとすれば、富裕層に間違いない。

非先進国の人たちは、つい最近まで、あるいは現在も肉体労働に励んでいる。カネにもならないことで、わざわざカロリーを消費しようなんて思わないのだ。サッカーやバスケット、野球のように娯楽性のあるものならまだしも、ただ走りつづけるマラソンなんて論外だ。

いったん自然や肉体と縁を切った人たちが、再びそれを求めて行うものがマラソンであると私は解釈している。

だからてっきり、参加者は外国人だけと思い込んでいた。なのに、サハラ人も出場するという。ハーフも合わせると、百人近くが走るらしい。

おそらくは毎年、外国人が大挙してやってきて走っているのを見て、こちらの少年少女、若者もやる気になったのだろう。このイベントが地元に根付いている証拠である。

記者会見につづき、六時から別の場所で、レースの説明会と食事会が行われた。

ここでもランナー同士の交流は活発だ。がっしりしたバスクの若者は「舗装道路しか走ったことがないから心配だ」と言い、スペイン北部出身のエンジニアという男性は

「うちの地域は冬は毎日雨ばかりで寒い。練習もあまりできなかった。こっちの暑さが心配だ」と話していた。「ランナーズ」という雑誌のスペイン人記者はロシア支局勤務だと言い、「僕もマラソンに出たかったけど、ロシアでは冬は雪で練習ができない。迷ったけど、やっぱり心配なので出場はやめた。取材に専念する」と言った。

世界中からの猛者も基本的に誰もが「心配」なのはホッとさせられる。雪や氷雨の中を走っていて、いきなりこちらの猛暑に適応しなければいけないという私の悩みも、(南半球であるオーストラリア在住者以外は) 全員共通だということもわかった。

もっとも猛者たちは他にも共通の悩みをもっていた。「ドリンクはどうするのか」という話題があちこちで持ち上がっていた。よく、テレビのマラソン中継では、給水所の様子が映される。そこでは各選手が自分のドリンクをあらかじめ用意して、給水所で受け取って飲んでいる。だが、一般のマラソンではどうなのだろう。彼らは「このマラソンではどうもオリジナルドリンクの持ち込みは禁止らしい」「え、マジかよ?」みたいな会話を交わしている。

ドリンクのことなんか考えたこともなかった。私にしたら、もしオリジナルドリンクを用意すべきだということなら、そっちのほうが「マジかよ?」だ。まったく心配の種は尽きない。

説明会がはじまった。

それによれば、ドリンクは自分で身につけていくのならOKだが、給水所に預けることはできない。

「給水所では、水の他にバナナやナツメヤシを用意する」と聞き、私は安堵《あんど》した。

そのほか、大会に関する注意事項として、「砂嵐の場合」というのがサハラ・マラソンらしい。砂嵐がレース前に起きたら翌日に延期、レース中に砂嵐が来襲したら中止とのことだ。

「レース中に砂嵐に襲われたら、絶対にその場を動かないように。レース中止の合図が聞こえたら、必ず走るのをやめるように」と、終始穏やかなディエゴはそこだけ強い口調で繰り返した。

ちなみに、十年この大会を主催しているディエゴからの個人的なアドバイスは「とにかく水をたくさん飲むこと」。

救護班が車でレースコースを巡回しているので、体調のわるくなった人はそこに収容される。

「そのほか、ランナーには医者が何人もいる。もし自分の体調が心配なら彼らの近くを走るように」とディエゴは冗談で締めくくり、会場は笑いに包まれた。

このあと「メディア」に対するブリーフィングがあり、竹村先輩と宮澤カメラマンの日本人クルー二人組は明日のマラソンで、取材車両を用意してもらえることになった。

英語の通訳もつけてくれるというサービスぶりだ。

てっきりマラソンの撮影はできないと思っていた先輩たちは当然喜んだ。私も表面上は「よかったですね！」と先輩たちに言ったのだが、内心では「これじゃ俺がボロボロになる姿がもろに撮影されちゃうじゃないか……」という思いが渦巻き、素直に喜べたものではなかった。

夕食会は、パスタを中心にしたごく簡単なもの。もちろん酒などない。アルジェリアはかなり厳しい禁酒の国である。三百六十五日酒を飲んでいる私も今日ばかりは酒を飲む気にならなかった。

早々に家に戻り、八時には寝た。

民族主義者なのかランナーなのか

朝五時にノックの音がし、〝ビッグママ〟のメチュが顔を出し、「サバーフルヘール（おはよう）！」とアラビア語で言った。

みんな、もこもこと体を動かし、寝袋から這《は》い出してきた。

私は昨夜なかなか寝付けなかったが六時間程度は眠れたから十分だろう。繊細な学級委員のシルヴィアは「一睡もできなかった。いろんなことが頭の中をぐるぐる回って……」とげっそり顔だ。この人は考えすぎなのだ。方向感覚のデタラメさの十分の一でも思考回路にまざっていればいいのになと思う。「大丈夫！」と言ってあげる。

昼間のソーラーバッテリーで蓄えた電気の作る薄暗い灯《あか》りの中で黙々と支度をする。私は迷った末、上は速乾性の生地を使ったＴシャツ、下は膝までカバーするランニングタイツを着用することにした。

Ｔシャツは二カ月前、初めて水泳のマスターズ大会に出場したとき、同じスイミングクラブの仲間と一緒に作ったものである。そのときは一人前のスイマー面をしていた。で、同じＴシャツを着て、今度は一人前のランナー面をするわけである。

こうやって俺はいろんなことにでたらめに手を出して、何もかも中途半端に終わるんだなという、ここ二十年、ずっと感じつづけている情けなさをひととき味わってから、外に出てシューズを穿いた。

昼とはうって変わって「闇のサハラ」である。

初めてここに着いた晩と同じようにギラギラと星が光っている。ザッ、ザッ、という砂を踏む音がキャンプのあちこちから聞こえるのも同じだ。ただちがうのはあのときそうとうに寒かったのに、今は生暖かい空気に包まれている。嫌な感じだ。気温の高さはレースの困難度に直結する。

星明りと懐中電灯の光を頼りに朝食会場に向かった。昨日夕食会が行われたのと同じ会場は、昨日と同じ人たちでごった返していたが、とてもそうと思えないほど雰囲気はちがう。「心配だ」と言いつつ、昨日はみんなリラックスして、楽しげな顔つきだったが、今日は張り詰めた空気が流れている。

人々はいかにもランナーという精悍《せいかん》な顔でパスタやコーヒーを黙々と口に運んでいる。シューズのゴムのソールが床のタイルを踏むパタパタという音や、紙の皿にプラスチックのフォークが当たる乾いて浅薄な音が妙に響く。

選手の半分くらいはすでに短パン姿であり、たくましい足の筋肉を見せつけている。どう見ても、私の足とはちがう。

食欲は皆無だった。起きぬけのせいもあるが、東京にいたときから恐れていた「世界中の猛者の中に自分一人超初心者」という状況がとうとう出現し、食欲はいっそう減退した。こういうときは、生足を公共の目にさらしてはいけないというイスラムの女性に対する禁忌をランナーたちにも適用してほしいと思った。

それでも今日はレースがある。最低でも五時間は走らなければならないだろう。食べないわけにはいかない。例によっててきとうな大会なので、テーブルの席が人数分に全然足りない。スプーンやフォークもうなくなっていた。

私は立ったまま、手づかみで、パスタ（ペンネ）とチーズを口に押し込んだ。宮澤がカメラを回しているので、笑顔を浮かべるが、どういうわけか口や手からパスタがぼろぼろとこぼれる。

「汚い食べ方だなあ」と竹村先輩が呆れる。「まあ、いいんですよ、なんだって」と私は笑いながら答えた。余裕をかましていながら、口や手からパスタはこぼれつづける。自分では気づいていないが、実はそうとう緊張しているらしい。「地に足がついていない」というが、「手にパスタがつかない」状態である。

食事が済むと、暗くてよくわからないが、三台か四台ある大型バスに乗り込んだ。日本の路線バス以上に座席が少ない。私も他の人と同様、土埃だらけの床の上にべたっと座り込んだ。

しばらく静かだったが、ポリサリオ戦線の車両を先導に、バスのキャラバンが動き出すと、「いよいよだ!」という感じで急に車内が活気づいてきた。緊張と不眠による鬱が急に躁《そう》に転じた按配《あんばい》だ。

マラソンランナーの同志意識も盛り上がってきた。ここでは竹村先輩と宮澤以外、すべてフルマラソン出場者なのでなおさらだ。私も周囲の人たちと言葉を交わす。

国別では、最も多いのはスペイン人、次がドイツ人、イタリア人の順らしい。スペイン人とイタリア人は両方とも陽気でお喋りなうえに、互いに言葉も通じるようなので区別がつきにくいが、その中で鋭い眼差しで沈黙を守っているがっしりした体つきの人々がいる。これぞ、猛者の中の猛者、優勝候補の人たちかと思ったら、単にドイツ人のグループだった。彼らはほんとうに物静かである。

ところがドイツ人の中に一人だけ妙に社交的な人がいた。背は私と同じく百七十センチに満たず、しかも小太りという非マラソン体型のおじさんだ。頭にかぶったモスグリーンの帽子の後ろには手ぬぐいのような小さいドイツ国旗の布を縫いつけている。首に直射日光が当たらないという配慮だそうだが、日本人と同様、あまり外国で愛国を前面に出さないドイツ人としてはこれも珍しい。

などと思っていたら、私の手を握ったまま、「ドイツ、オーストリア、日本は仲間だ」と言い、にかっと笑った。なんだ、その不自然なグループは。

「ドイツ人は日本人を見ると『今度はイタリア抜きでやろうな』と言う」という昔ながらの逸話がある。第二次大戦のとき、同盟国はイタリアがヘボだったから負けたんだと思っているドイツ人が多いという、どこまで嘘かほんとかわからない話なのだが、嫌でもそれを思い出させる。オーストリアは第二次大戦時、ドイツ領だった。

このバスはみんな民族主義者の集団かと警戒したのだが、今度は幸い、話はすぐマラソンに移った。こんな体型だが、彼は歴戦のツワモノらしい。これまでスウェーデンやらイスタンブールやら、世界中のマラソンを走りまくっているという。

「いちばん面白かったのはキューバのハバナ・マラソン。市内の交通が止まらないから、車の間を縫って走るんだ。あれは楽しい。人もいいしな。みんな踊りながら応援してくれるよ。また出たいな。アメリカが侵略しなきゃいいんだけどな」と言う。

私たちの話を聞いていた、なにじんかよくわからない人が会話に入ってきて、「南極マラソンもいいぞ」と言う。ほんとうに南極の氷の上を走るんだそうだ。

「沿道の応援はペンギン」とまさにベタベタなマラソンであるが、やはり楽しそうだ。他にも、夜明けから夕暮れまで大草原を走るモンゴルの「サンライズ・トゥ・サンセット・マラソン」だとか、インド・ガンジス川の上流をヨガの行者を見ながら走る「ガンジス・マラソン」とか、話は地球規模で——しかもベタに——展開する。すっかり彼ら猛者と同じ気分になり、私も片っ端から出場したくなった。急性マラソン中毒とでもいうのだろうか。まだ一回も走っていないのだが。今度は政治性は急に消え、あるのは純粋にランナー熱だ。

当のサハラ・マラソンの情報も仕入れることができた。ドイツの愛国おじさんの言うには、「前半の二十キロは地面が固くてわりとラクだが、後半二十キロは砂が多くてきつい」、そして「約三十キロ地点に木が一本だけある」。

情報といってもこれが全部だ。後半がきついというのはあまりよいニュースではなかったが、たった一本だけ存在する木は見てみたいと思った。

もうここまでくると、さすがに難民支援もイデオロギーもなく、みんな、気持ちはマラソンに向かっている。

と思いきや、周りには妙にスペインのバスク人が多い。

テレビ局がクルーを送ってきているのもバスクだけであるし、どうしてこんなにこの大会にはバスク人が多いんだろう。そういえば、キャンプでは「この車はバスク州政府からの寄贈です」とスペイン語で記されたトラックも見かけたことがある。西サハラとバスク？　いったい何の関係があるんだろう？

バスク人の中には見たことのない国旗のような旗を掲げているグループもいる。

「それ、何？」と訊くと、「バスクの旗だ。イエー！」と彼らは気勢をあげた。

そういうことか！

鈍い私にもやっと事情がわかった。バスク人はスペイン人とはまったく別の民族で、今でもスペインからの独立を目指す運動が盛んだと聞いている。彼らバスク人は、同じようにかつてスペイン領土で、今は独立国家を自称している西サハラに強いシンパシーを感じているのだ。

実際訊いてみると、彼らの一人は「そうだ。サハラ人は僕らのアミーゴだ！」と力強く答えた。彼によれば、スペイン領のバスク人のうち半分は独立派、もう半分は反独立派と、二分されているという。この大会に参加しているのは当然独立派で、総勢なんと八十二名。地元のサハラ人とアルジェリア人を除けば、非バスクのスペイン人をも上回る数で、今大会の最大勢力なのだった。

うーむ、純粋にランナーの気分に浸れるかと思うと、民族主義に話が行ってしまう。まったく奇妙だ。

「アフリカのパレスチナ」体験バーチャルツアー

徐々に夜が明けていく。行けども行けども砂漠である。バスの車内はすっかり静かになっていた。興奮の種が尽きて、また元の鬱状態に戻ってしまったようだ。深い闇と強烈な光が交錯する西サハラ世界と同じように、私たちランナーも躁と鬱を行ったり来たりしている。マラソンと民族運動の合間を漂っている。

それにしても時間がかかる。いっこうに目的地に着かない。マラソンコースは直線に近い。つまり、ゴールからスタート地点までは約四十キロある。

道路状態が悪いため、バスのスピードは平均時速四十キロに満たない。ということは、バスでもスタート地点に行くまで一時間以上もかかるのだ。そこをこれから走るというのが嘘のようだ。

誰しもこれからの過酷な四十二キロのことを考えているはずだが、私はまたそこでランナーとは無関係なものにとらわれてしまった。

することもないまま、ぼんやりと車内を眺めていると、窓や扉に、日本のバスにもあ

るような、シール式の小さめの広告が貼られているのに気づいたのだ。カラー写真にスペイン語のコピー。よく見ると、しかしそれは商業広告ではなかった。

誰に向けたものかわからないが、西サハラの窮状を訴える内容なのだ。

〝広告〟には二種類あった。私はデイパックから辞書を取り出し、単語を調べながら読んでみた。

一つの〝広告〟は、「サハラの人々の平和への戦い」と題し、炎と白煙の中で少女が西サハラの国旗を掲げている写真付きのもの。

「三十年以上、モロッコは独立国家西サハラを占領し、西サハラの自治権行使を認めた国連の決議案を無視しつづけている。モロッコには罪があり、スペインには責任がある」

こちらはモロッコを正面から非難するものだが、右隅には「私たちは戦争を回避している」と、停戦している現状を肯定する文句もある。

もう一つは、「西サハラの人々のために平和と正義を」という見出しのもの。

「拘束も行方不明もたくさんだ

弾圧と拷問、拉致と暴力はたくさんだ

モロッコは西サハラから出ていけ！」

そして右側には、「一九七六年から一九八〇年にかけて二百六十人が行方不明になっ

マラソンのスタート地点に向かうバスの中。軽い砂嵐に襲われたため、みんな顔を布で覆っている

西サハラ人の若い女子はみんなファッショナブル

ている」とあり、さらに下には「一九八二年ムルド・バチル 一九八七年ハッサナ・オマル……」と、年と氏名が列挙されている。どうやら、モロッコ当局がポリサリオ戦線関係者とおぼしき人を拉致し、そのまま行方がしれなくなるケースがこれまで多発しているらしい。

名前が書かれた人たちはその一部のようである。

最後には「人権侵害を非難しよう！」。

このビラの写真は、モロッコ公安警察のものとおぼしき車両にふつうの服装の男女が石か何かを投げつけている光景だ。

——インティファーダ（蜂起）

という言葉が甦《よみがえ》った。メチュの家で何度となく、聞かされた言葉だ。

インティファーダとはパレスチナで自然発生的に起きた民衆蜂起のことだ。

二千キロにわたる〝砂の壁〟というと、私たちは万里の長城を連想するが、彼らにしたら、イスラエルに封じ込められたパレスチナと同じだと言う。

実際に、パレスチナと西サハラでは似た部分が多い。パレスチナは第二次大戦後もしばらくはイギリスの委任統治領で、結局は独立できずに第三者のイスラエルに占領されてしまった。イスラエルは自分たちこそ被害者でありパレスチナの土地の権利は自分たちにあると主張している。だから彼らは「パレスチナの占領地（ヨルダン川西岸など）

モスクの前に集合するランナーたち

竹村先輩（左）とカメラマンの宮澤、そして西サハラ人の女子

から撤退せよ」という国連の決議に従わない。本来、国連の決議に従わないなど許されないはずだが、パレスチナの支援国が冷戦時代は東側諸国であり、現在もイランやシリアというガチガチの反米国家なので、西欧諸国はパレスチナの惨状を見て見ぬふりをする。

西サハラもそっくりだ。まずスペインの植民地になり、サン＝テグジュペリの本にあるように服従を潔しとしないサハラ人は「不帰順族」などという不本意な仇名《あだな》をちょうだいした。

独立運動をはじめたら宗主国のスペインが勝手に権利をモロッコとモーリタニアに分けてしまった。おかげでポリサリオ戦線は別の二つの国を相手に戦うはめになった。モーリタニアは西サハラにおける権利を放棄したが、モロッコは放棄どころかモーリタニアに分配された土地まで占領してしまった。モロッコは「ここは本来、われわれの支配が及んでいた土地だ。植民地主義者に奪われた土地を回復しているだけだ」と主張している。そして国連の決議を無視しているが、西サハラを支援しているのがアルジェリア、リビア、キューバという、イランやシリアと仲のよい「反米同盟」なので、西欧諸国はさっぱり動かない。

わりを食っているのはパレスチナにしても西サハラにしても、一般の住民である。だからこそ、散発的に起きる市民の反抗をここでも「インティファーダ」と呼ぶのだ。

私はあらためて辺りを見渡した。

遮光ガラスのためいつまでたっても暗い車内には、膝を抱えて床にうずくまっている初老の男性、互いに相手を抱えるようにして眠っているカップルらしき男女、ぐったりと床に倒れて寝ている人たちなどがぎっしり積み込まれている。

チェックポイントのたびにバスは止まり、迷彩服姿のポリサリオ戦線兵士の姿がその遮光ガラス越しに見える。

何の罪もない市民が着の身着のままでバスに詰め込まれ、軍隊に連行されているようである。なんだか、これから強制収容所へ向かうナチスのバスか何かみたいな錯覚をおぼえてしまう。

移動はいつまでもつづく。いったいどこへ行くのだろう。

道路の舗装状態はわるいらしく、ガタンガタンという振動がダイレクトに体に伝わる。やがて舗装道路自体がなくなったようで砂利まじりの地面をタイヤが走る振動に体がしびれる。僻地《へきち》からさらに僻地に輸送されていることだけがその感触からわかるのみである。

まるで西サハラの窮状を仮体験させるバーチャルツアーのようなバス移動だ。

やがて、ちらほらとアカシアの木やぼそぼそとした草が見えてきた。この地に来て植物を見たのは初めてだ。住居もまばらに見える。ここがスタート地点のラユーンだった。

大混乱のスタート

バスを降りたら、突然環境は百八十度変わった。

青い空に燦々《さんさん》と日差しが降り注ぎ、赤、青、黄、緑などランナーたちの原色のウェアで目がちかちかする。特設のステージからはサハラの楽団の音楽が巨大スピーカーを通してガンガン流れ、話し声もよく聞き取れないほどだ。西サハラの陰鬱な問題は吹っ飛び、異常なほど陽気なマラソン大会に放り込まれた。

まさにお祭りである。西サハラの「光」が炸裂《さくれつ》している。ランナーだけでも二百数十人いるのに、応援の人たちはその何倍もおり、例によって仕切る人は見当たらず、「トイレはどこ？」「彼はどこ行った？」「スタートはどこ？」とわめく声がそこら中に響く。

すでにウォーミングアップしている人たちもいる。日の光の下で見るとあらためてすごい筋肉をしている。また、ランナーの多くが背中や腰のベルトにドリンクのボトルを携帯しているのも気になる。シルヴィア、マヌエラとも出くわしたが、彼女たちもちゃんと持っていた。シルヴィアは濃い塩水。「水は給水所で補給できても塩分は補給できないから」という意見はもっともすぎる。マヌエラは栄養ジェル。これはビタミンも補給できる。

ドイツ愛国者のおっさんは腰に手榴弾《しゅりゅうだん》のようなミニボトルを十個もつけ、ますます特攻隊員のようだ。

あんなに補給ドリンクが必要なのだろうか。どんどん不安になってくるが、ここまでくるともうどうにもしようがない。

私は首にタオルを巻いていたが、「ほんとにそれで走るのか？　大丈夫か？」とドイツ愛国者にも、マヌエラにも言われた。「重い」とか「うっとうしい」ということらしい。

なにしろ、マラソンというものを知らないのだから、大丈夫かどうか答えようがない。

これ以上、不安材料を増やさないでほしい。

ザ・おばさんのマヌエラはいつの間にかリーダー口調になり、私とシルヴィアを集めて「いい？　あたしたちはチームだからね。みんな、一緒に行くのよ」などと言う。

「いや、シルヴィアは速いから先に行ったほうがいいよ」と私が正直なことを言うと、彼女は「そんなことないわ。それよりタカノ、あなたこそ先に行かないでね」。

「それはないよ。マヌエラならあるかもしれないけど」

「私は遅いのよ。あなたたち二人、私をおいていかないでね」

「マヌエラこそ、僕らをおいてかないでよ」

「そうよ、そうよ」

なんだか女子高の体育の時間みたいな会話に巻き込まれていた。

竹村先輩とカメラを手にした宮澤の姿はときどき視界に入ってはいえていたが、もうそんなものを気にしている余裕はない。彼らは大会主催者の用意する車両で移動しながら撮影することが決まっている。

突然ワーッという大歓声があがった。

「プレジデンシア・デル・サハラ・オクシデンタル（西サハラ大統領）！」というアナウンスが轟《とどろ》く中、サングラスをかけた背の低くがっしりした体つきの男が手を振りながら私のすぐ前を歩いてくる。

大統領？　こんなところに？

西サハラ共和国の国をあげての大イベントだから大統領が現れても不思議はないとはいえ、こっちは今マラソンモードでスタート地点に立っていて、その目の前に大統領が出現するから驚く。大歓声と音楽でもう何も聞こえない。誰も彼も酔っ払っているように体を揺らしている。私も急速に高揚して、ビールを三、四杯ひっかけたような状態になっていった。

何の予告もなく、群衆がどどっと動き出した。ランナーたちが走り出している。「え、もうスタート？」とわけもわからず一緒に走り出したら、「ノー、ノー！」と叫ぶ声に止められた。誰かが勘違いしたらしい。みんな、何がなんだかわからないのだ。

大会スタッフが出てきて（そういう人を初めて見た）、ランナーたちをスタート地点に押し戻す。すると、私たちは偶然にもスタートの最前列に並んでしまった。本来なら招待選手の位置だ。

またしても突然、後ろから群衆に突き飛ばされた。みんなが走りはじめている。また勘違いかと思って、後ろを振り返りつつ、中途半端に走っていたが、誰も止めようとしていない。五十メートルほど走って、「どうやら今度はほんとのスタートらしい」とわかった。

最前列にいたにもかかわらず、すでに半分くらいの人に抜かされていた。マヌエラはまだ横にいたが、シルヴィアの姿はどこにも見えない。やっぱり先に行ったか。カナリヤ諸島の学級委員、さすがだ。

ランナーたちが濁流のように私たちを追い越し前に流れていく。

と、またもや異変が起きた。

ランナーの濁流が、あろうことか、右と左に二つきっぱり分かれて流れ出したのだ。方角はわからないが、右の流れが真東に向かっているとしたら、左の流れは真北に向かっている。要するに全然ちがう。だが流れの太さは同じ程度で、どっちが「ほんとらしい」のかもわからない。

砂漠では道がないので、二キロおきに目印の棒が立てられていると説明会で聞いていたが、大会主催者もまさかスタート直後に選手が道を見失うとは思っていなかったらしく、何の表示もない。

間違ったほうに行ったら取り返しがつかない可能性があるから、とりあえず確認するのがいちばん安全だと思うのだが、「レース中に止まってはいけない」という固定観念に縛られているようで、誰もが「どっち?」「どっち?」と周囲に訊きながらも、分岐点に行くと、立ち止まらずに右か左に流れていく。

そういう私も足が止まらず、たまたま流れの左側にいたので、左方向の道に進んでしまった。自分で走っているというより、川で乗っているボートが流されている感覚に近い。

しばらくすると、何か大声で叫ぶ声がして、右に行った連中がばらばらとこちら側に戻りはじめた。どうやら、あちらが間違いだったらしい。よかったと一息つくが、その間違い連中にも瞬く間に追い抜かされていった。

「ゆっくり、ゆっくり」とマヌエラが繰り返す。「私の四回のマラソン体験からいうと、最初速く走る人は必ずあとで落ちるのよ。私はいつも最初はビリのほうだけど、最後は女子の真ん中くらいの成績になる。だから私たちはゆっくりでいいの」

なぜ、私の実力も知らずにそう決めつけられるのか不思議だったが、彼女のおばさんらしい強引な決めつけは今回にかぎってはありがたかった。なぜなら、出発して五分もたたないうちに、私たちはビリ、それも前の走者と二十メートル以上引き離されたダントツビリに落ちていたからだ。自分一人ならとてもダントツビリで走る勇気はない。そして今のゆっくりペースはまさに私が練習で走っているペースであった。

幸い、天気はわりとよかった。というのは、完全な晴れでなく、うっすらとだが太陽に雲がかかっていたからだ。これだけでも暑さはけっこう和らぐ。

地面も小石がごろごろしているが平坦で固い。思ったより走りやすい。

マヌエラはデジタルカメラで写真やビデオを撮り、ひっきりなしに喋る。「レースのあとは足が痛くていつも階段が上り下りできなくなるし、公園ではお年寄りに『お手伝いしますか？』と声をかけられる」とか「レースで辛いときはお産を思い出して我慢するの。でも、お産は最後に赤ちゃんがゲットできるけど、マラソンは筋肉痛だけ」などと言って笑わせる。

沿道（といっても道はないのだが）には、西サハラの人たち、特に女性と子供が立っていたり地面にべたっと座っていたりし、私たちが通ると、「コッレ、コッレ（頑張れ、頑張れ）！」とスペイン語で声援を送ったり、「ユルルルル……！」と舌を震わせるアラブ女性独特の歓喜の声〝ザハルータ〟をあげる。

軍服を着たポリサリオ戦線の兵士たちも髭面《ひげづら》をほころばせ、拍手をしながら声援を送ってくれる。

ときには、厚い布に顔を包んだ西サハラの男たちがラクダに乗っているのに出くわす。ポリサリオ戦線のラクダ部隊——そういうものがあると聞いている——なのか、遊牧民なのかわからないが、彼らはしばらく私たちと伴走してくれる。ラクダがまるで馬のように乗り手の指示に従って軽やかに、縦横に走るのに驚かされる。ラクダと一緒にマラソンを走ったランナーはそう多くはないだろう。それだけでも感激だ。

まだスタートの高揚感がつづいているし、お祭りの主人公になったようで、楽しくてしかたない。

二キロくらい走ると、竹村先輩と宮澤がカメラを構えて待っていた。彼らは車で先回りしてはこうやって、止まって私たちを撮影するつもりなのだ。カメラに向かって余裕の笑みを振りまいて通り過ぎた。

マヌエラの予言どおり、三キロも行かないうちに前のランナーが失速していった。はじまったばかりだというのにもう辛そうな顔をしている。この状態であと四十キロ走るとは気の毒と言うほかない。一人ずつ抜いていく。なるほど、抜くのは気持ちいい。ビリからスタートするというのはそれだけでも意味がある。

ヨーロッパの市民マラソンはみんなそうなのか、このマラソンだけがそうなのかわからないが、抜くときに必ず「オラ（やあ）！　ケタル（元気）？」と声をかける。すると、相手も「ムイ・ビエン（ああ、元気だよ）！」とどう見ても内実とかけ離れた答えを返す。

四人目に抜いた相手はアジア系だった。訊いてみたら、ロンドンに生まれ育ったという中国系だった。両親は北京出身だというので、「君は中国語は話せる？」と中国語で訊いたら「ああ、話せるよ。君も話せるのか。どこで習ったの？」と中国語で返した。「昔、大連でね」「へえ、大連か。僕も一度行ったことがあるよ」

しばし談笑したあと、彼は後ろへ遠ざかっていった。

「加油（がんばれ）！　再見（じゃあね）！」とエールを送り、優越感にひたりつつ、スピードを上げた。

このあと、何が待ち受けているか知らない幸せな私であった。

砂地獄、出現！

最初の給水地点は五キロくらいだった。キロ数の表示はときおりコース上に出ているらしいが、まだ目にしていなかった。コースといっても道があるわけでもなし、前のランナーが走るあとに従うだけだから、左右に十メートルから二十メートルくらいずれていることもある。マヌエラのGPS機能付き時計で現在の大まかな走行距離をはかっているだけだ。

給水所はコースのずれを矯正する機会でもある。だいぶ右によっていく。水のペットボトルとナツメヤシの塊が木の机の上にのっていた。ボランティアである西サハラ人の若い男女が「はい！」と笑顔で水のペットボトルを差し出してくれる。

特に喉は渇いていなかったが、ディエゴのアドバイスに従い、なるべくたくさん飲み、頭からもばしゃばしゃとかける。給水所に立ち止まっていたのは三十秒ぐらいだろうか。すぐにまた走り出す。

スタート直後の酒酔いにも似た高揚と動悸《どうき》も落ち着いてきた。いつもの練習どおりの走りができている。給水所は二、三キロごとに設置されていて、「次の給水所まで」というのがよい目標になる。

十キロを経過した。ふだんの練習距離を早くも超えてしまったわけだ。そう思ったのがよくなかったのか、少しバランスがおかしくなってきた。足を前に踏み出すとき、軸足のくるぶしの辺りを蹴ってしまう回数が増えてきた。自分の靴でくるぶしを蹴るとけっこう痛い。

キャンプから遠く離れたためだろう、応援の人が少なくなっていく。応援がないと淋しいし、元気も出ない。マヌエラもさすがに口数が減ってきた。前後のランナーたちとの間隔もばらけてきて、砂漠の静けさが少しずつ増してくる。

私の足取りが鈍くなったのに気づいたのか、マヌエラが「これ、とりなよ」と腰につけたジェルを手渡してくれた。ちゅるちゅると少し吸ったが、彼女の分を横取りするのも悪いので、すぐに返した。

それよりも、私のパワーの源になったのは給水所に置かれたナツメヤシの砂糖漬けだ。口に含むと、鮮烈な甘さがガツンと音を立てて舌と喉と胃袋を刺激する。目が醒《さ》める思いだ。栄養的にはゼリーのほうがバランスがとれているかもしれないが、人間は栄養だけで生きてはいない。この味自体に元気がもらえる。ナツメヤシのほうがゼリーよりよほど即戦力である。

それでも蓄積された疲れというか、そもそもの練習不足と体力不足をナツメヤシが解決してくれるわけはない。マヌエラの時計では一定のペースで走っていることになっているらしいが、私にはどんどん速くなっているように感じる。いっぽう、給水所から次の給水所の間隔は明らかに遠くなっていく。

マヌエラにそう言うと、「そんなこと、ない」とあっさり否定された。マヌエラは、ザ・おばさんながらやはり歴戦のツワモノである。全然疲れた様子はない。

やっと次の給水所にたどりついた。例によって竹村先輩たちが待っている。もう笑顔を作る余裕はなく、水を飲み、頭からかける。そして「もう給水所、終わりか」と思いつつ、走り出す。

走り出して一時間が過ぎていた。九時スタートだからもう十時か。着実に気温も上がっているらしい。水でびしゃびしゃに浸したはずのストレッチスカーフが五分としないうちに、からからに乾いてしまう。サハラ砂漠の直射日光、おそるべしだ。

十五キロ辺りにさしかかったら、にわかにマヌエラがスパートをかけた。

「え、なんで？」と思ったが、どうも彼女がスパートをかけたのでなく、私が急に遅れ出したらしい。逆スパートだ。

冷静に考えると、練習で今まで最高に長く走ったのは十五キロだった。鍵を探しながら走ったわけだが、あのときは走り終わったあと、全身が筋肉痛になったなあとぼんやり思う。そして、今自分は未体験ゾーンに突入しようとしている。一人になるともっと厳しくなるのが想像できるから、なんとかマヌエラについていこうとした。

救いは給水所のナツメヤシとそれを差し出すサハラの女の子たちだ。

「どこから来たの？　チノ（中国）？」私がはあはあ喘《あえ》ぐのもかまわず彼女たちは訊く。

「ヤーバーン（日本だ）」と答えると、彼女たちは怪訝《けげん》そうな顔をする。ピンと来ないらしいので、「トーキョーだ！」とわめく。すると、彼女たちは「トーキョー！　ワオ！」と喚声をあげて喜ぶ。思わずこちらの頬もゆるむ。ときにはポリサリオ戦線の兵士も警備のため居合わせる。彼らの真剣な拍手を聞くと、

「俺もがんばらなきゃ」と思う。

状況はしかし、だんだん厳しさを増してきた。十七、十八キロ地点の給水所を逃してしまったらしいのだ。よほどルートからずれてしまったようだ。ひどく喉が渇き、頭がじーんと熱くなっていく。自分が干上がっていくのがわかる。二、三キロおきの給水所というのがいかに重要なものか初めてわかった。マヌエラも顔が険しくなっている。

一台の車が後ろからやってきて、私たちに声をかけてきた。マヌエラがおばさんの本領を発揮し、いきなり「水、ある？　水、ちょうだい！」と叫んだ。車に乗っていた人はちょっと驚いていたが、すぐに水のボトルを差し出してくれた。私たちは恥も外聞もなく、がぶがぶ飲んだ。なんとか、私たちは熱中症の淵《ふち》から戻ってきた。

次の給水所にはちゃんとたどりつくことができた。「二十キロ」という表示が出ている。やっと半分を走ったことになる。

「なあ、高野」待ち受けていた竹村先輩がこのレースで初めて話しかけてきた。「マヌエラと離れて走ってよ。彼女と一緒だとさ、なんだか女とちゃらちゃら走っているみたいで、よくないんだよ」

一緒に走っているといっても、私が必死に追いすがっているだけだ。会話も「マヌエラ、スピードアップしないでよ」と私が訴え、「そんなことないわよ。あなたが遅くなっているのよ」と彼女が答えて、二人で苦笑するという程度なのだが、傍《はた》から見るとそれが「ちゃらちゃら」に見えるらしい。そして記録映像を作るうえで、私が苦しむのはいいが、楽しげに見えるのはご法度ということらしい。思わずムカッとするが、幸か不幸か、竹村先輩のリクエストにはすぐ応えることができた。

ここが私の限界で、マヌエラについていけなくなったのだ。彼女の大きなお尻がどんどん遠ざかっていく。

自分の実力の限界に加え、話に聞いていた「砂」が頻繁に現れる。

砂漠と一口に言っても、地面の状態はさまざまだ。スタート地点付近のように小さな砂利まじりの固い地表もあれば、荒地のように土が固まってでこぼこしているところや、岩がゴツゴツしたガレ場もある。

いちばん厄介なのはしかし、サハラ砂漠のイメージどおりの砂地だ。砂は海辺のものより数段細かく、その上を走るのも数段きつい。サハラの砂はまるで綿埃のように踏むとぽふっと煙があがる。足はずぶっとめり込み、ときにはシューズが見えなくなったりもする。

地面を蹴ろうとするが砂がからみついてくる。疲れているなりにいろいろと実験をしてみる。どうやら細かいステップを刻むより、大きなストライドで走ったほうがいいということがわかった。そうやって研究することが、ずいぶんと慰めになる。大きなストライドを繰り出すパワーが残っていないのが残念だが。

しかし、まだ試練ははじまったばかりだった。単なる砂地でも十分きついが、やがて砂丘が現れた。二百メートルくらい先にいたマヌエラやその前後のランナーがいっせいに走るのをやめ、歩いて砂丘を登りはじめた。「え、みんな、棄権?」と愚かにも一瞬喜んだ私だが、自分がその砂丘にさしかかったら理由がわかった。

走れないのである。足首まで砂につかって走れるわけがない。ゆっくりと足を引き抜いて歩くしかない。

やっと砂丘の上に立ち、さあ、今度は下りだと勢い込むと、また罠《わな》が待っていた。ふかふかの砂を思い切り踏むと、ガキッとシューズの底が音を立てて曲がった。足をくじくところだった。ところどころ、下に岩が埋まっているのだ。しかし、岩がなくて砂だけのところもある。ずぶっと最後まで沈むか、途中で岩にぶち当たるかわからずに足を踏み出さねばならない。

砂漠はなんて複雑なんだろうと感嘆してしまう。てっきり単調だと思っていたら、呆れるほどそれぞれの地面に個性がある。その意味ではまったく退屈しない。草一本ないにもかかわらず、「土地が豊かだ」とさえ思える。

考えてみると、砂漠ほどふだん歩かない場所はない。私は今までスーダン、チュニジア、ソマリランドとけっこう砂漠を旅しているのだが、てくてく歩いたことはほとんどない。砂漠は障害物となる植物がないし、たいていは低地なので、道路がない辺境地でも車が自由に走ることができる。このマラソンコースの周辺でも車の轍《わだち》は無数にあり、縦横無尽に車が行き来しているのがわかる。

マラソンのおかげで砂漠を体感できたのである。いい経験だ。ただし、「もう十分」という気がする。

両足が上から下まで痙攣する

砂漠は広い。前も後ろも右も左も砂漠。シルヴィアでなくても方向感覚は失われていく。白く塗った角材の棒が二キロおきに立てられコースの目印となっているが、ランナーの目にはよく見えない。車の轍につられて、どんどんそれていくこともある。

前の人——といっても一キロも先だったりするが——を見てついていくしかないが、それも間違いだったりする。後ろの人——といっても一キロも離れていたりする——が「ちがうぅぅ！　もっと右ぃぃ！」と叫んで教えてくれ、私が右に半円を描くように修正し、さらに前の人たちも次々に半円を描いて修正していったこともあった。上空から見ていれば、北朝鮮のマスゲームかブルーインパルスの編隊飛行のようで面白いかもしれない。

二十五キロ地点付近にさしかかると、走ったり止まったりという謎の走りを繰り返している人が目につきだした。最初は何だろうと思った。バテてきたならスピードを落とすだけだと思うが、しばらく止まったり歩いたりして、私がいったん追い抜く。しばらくすると、彼らは急に走り出し、けっこうなスピードで後ろから私を抜き去ってかなり先へ行ってしまう。で、また歩いてしまう。どうして、そんな不規則な走りを展開するのか。

しかし他人のことはどうでもいい。

私の足が攣《つ》りはじめたからだ。

ランニングで足が攣るというと、まずふくらはぎか太腿《ふともも》の裏側（ハムストリングス）だと思われるだろうが、私の場合はなんと足首とそこに隣接する足の甲だった。こんなところが攣るなんて夢にも思わない箇所だ。

もちろん砂のせいである。砂を強く蹴ろうとしたり、砂に靴が埋もれたとき踏ん張ったりすると、その不慣れな力が空回りし、疲労と重なって痙攣《けいれん》を起こしているのだ。

やがて、腿の内側が攣りはじめた。そしてふくらはぎ……と痙攣は足の筋肉のあちこちにがん細胞のように転移し、しまいには足のどこが攣っているのかよくわからないくらいになった。両足の上から下まで全部が痙攣しているようだ。

それでも必死に我慢して走りつづけていたが、二十五キロと三十キロの間で、あまりの痛みにとうとう歩いてしまった。

ふつうなら足が攣ればその場で走るのをやめる。水泳だって泳ぐのをやめる。だが、ここまで走った以上、諦めるのはもったいなさすぎる。なんとかごまかして歩いていると、不思議に少し痛みが減じてくる。

よし！　と思って、再び走り出す。まだスタミナは残っているから、けっこうふつうに走れる。そして、前の人を一人か二人追い抜くとまた痙攣がひどくなって、止まる。また抜かれていく。

いつの間にか、私も謎の走りをしていた。

あ、これか。

そう、謎の走りをしている人というのは「足が攣っている人」なのだ。私は足を止め、両膝に手を当てた。顔が苦痛にゆがむ。

「どうしたんだ？　大丈夫か？」後ろから来た人が英語で訊いてくる。

「ただのクランプ（攣ること）だ。砂のせいだよ」と答えると、「俺もそうだ」と言うなり、うっと呻《うめ》いて私の横でしゃがみこんだ。

「どこから来たんだ？」私は訊いた。

「スウェーデンだ」

「へえ。スウェーデンに僕の親しい友だちがいるよ。どこだっけな、南部の町だったが」

「俺も南部の出身だ。メルモって町だよ」

「あ、そうそう、メルモだ。彼女はメルモ出身のダンナと結婚してるんだ」

「へえ、それはいいな。彼女は何か仕事をしてるのかい？」

「大学で日本語を教えているよ」

「へえ、そいつはクールだな」

砂漠の真ん中で談笑するが、二人とも足がビクビク痙攣しており、クールから程遠い。私も彼のように屈伸をしたら、バキバキバキとものすごい痛みに襲われた。慌てて立ち上がり、足を引きずりながらも歩く。無理をしても歩いたほうがマシらしい。しばらく歩くと、ふと竹村先輩と宮澤が小高い砂丘の上でカメラを構えているのが見えた。

「こんな姿を撮られてはかなわん。走らねば！」

おそるべきは見栄の力である。カメラに撮られている間だけでも走ろうとするが、なんといっても砂漠は見晴らしがよすぎる。カメラの前後三キロくらいは射程距離に入ってしまう。見栄を張るのも大変だ。気合を入れるしかない。

だが今度は足の痙攣だけでなく、呼吸も苦しくなってきた。それまで鼻で息をしていたが、今や大きく口を開けてハアハア、ハアハア喘ぐ。心なしかその音が「サハラ、サハラ……」と聞こえるので、自分で意識して「サハラ、サハラ……」と口にしてみる。発声が力みをとるらしく、少し楽になるしテンポも安定する。

ただずっと「サハラ、サハラ、サハラ……」では単調すぎて、そのうち熱にうなされたような気分になってきた。サハラ、サハラ砂漠に追い詰められているという強迫観念にもかられる。

ふと思いついて「サハラ・リブレ、サハラ・リブレ……」に変更してみた。サハラ・リブレとは「自由のサハラ」の意味で、西サハラ解放運動の最もシンプルにして明瞭なスローガンである。これが実際にひじょうにテンポがよく、言霊じゃないが、自由な気分を与えてくれる。

砂にもがいてサハラ・リブレ、小石の上に足が乗って転びかけてサハラ・リブレ、足が動かずサハラ・リブレ、そしてしまいに歩いてしまってサハラ・リブレ……。何百回も念仏のように唱えつづける。

バスク地方のテレビ・クルーが撮影しているのに出くわしたので、アレンジを加えて、「バスク・リブレ!」とカメラに向かって叫んだら、あまりに唐突だったらしく、ディレクターの若者はポカンとしてこっちを眺めていた。

ようやく三十キロの給水地点までたどりついた。あと残り十二キロあまり。ふだん——といってもここ二週間だけだが——練習で走っている距離に近い。そう思うと気力がよみがえり、テレビカメラの前もあって「おっしゃー!」と雄叫《おたけ》びをあげて再度走り出すが、気力に体が全然ついてこない。

給水所の間隔が怪奇現象のように開いてきた。いつまで走っても次の給水所が見えないのだ。

前後のメンバーはほぼ固定されてきた。私のすぐそばにいるのはスウェーデン南部出身の男、毛むくじゃらのスペイン人、そして褐色の肌をした西サハラ人の若者の二人組。その前と後ろにもいつも同じランナーが見えるが、民族や国籍まではよくわからない。

誰もが痙攣に苦しんでいるので走ったり歩いたりを繰り返すが、外国人ランナーと西サハラ人ランナーでは様子がまるでちがうのが面白い。外国人は私もそうだが、歩いてしまうと「ああ、ダメだ……」という苦しげな表情が表に出てしまう。腰に手を当ててうつむいたり、逆に顎があがり口を開けて酸欠の金魚みたいになる。

ところがサハラ人は逆だ。走っているときは見るからに苦しそうなのに、耐え切れずに歩き出すと、すっと背筋を伸ばして、何事もなかったかのようにすたすた歩く。どうやら歩きに転じると、いつもの生活に気持ちも体も戻るらしい。

さすが砂漠の民！　と感心してしまう。まるで近所の親戚を訪ねていくような自然体である。絵になっている。ところが走り出すとそのフォームは乱れまくっている。砂漠の民にマラソンをやらせるのが間違っているのかもしれない。

間違っているといえば、足が攣っても走っているのが間違っている。攣ったらふつう走るのをやめる。両足がぜんぶ攣っても走れるというのは発見だ。

やっとのことで三十五キロの給水所にたどりついた。給水所ではいつも若い女の子たちが「頑張れ！」とか「大丈夫？」と声をかけてくれ、それが何よりも元気の源になっていたのだが、この辺になると、給水所の女の子たちはぐったりと椅子にもたれかかっている。思わず、私のほうが「大丈夫？」と訊いてしまった。

三人の女の子は喋るのも億劫《おっくう》らしく、黙ってうなずいた。

無理もない。もうレースがはじまって四時間以上が経過しているのだ。こんな砂漠の真ん中に座っているだけで疲れるだろう。暑さは一段落していたが、風が強くなっている。こっちは好きで走っているからまだいいが、彼女たちは純粋なボランティアで気の毒だ。と、ここまで考えて「あれ？」と思った。

ずっと私たちがボランティアで、頑張っている西サハラの人たちを応援しているつもりだったが、このマラソンではくるんと引っくり返っている。私たち外国人がへろへろになり、西サハラ人が支援ボランティアに回っているのだ。

西サハラ人を支援するためのマラソン大会は、西サハラ人のボランティアに支援されて開催されている――。

世にも奇妙なマラソン大会である。

頭も心も空っぽでゴールイン

風が強くなってきたなと思ったら、たちまち強烈な向かい風に転じた。ただでさえ足が動かないのに、後ろに押し戻されそうな圧力だ。ふかふかの砂地では風が土埃を巻き上げ、砂が目に入る。目をつぶってがむしゃらに走るが、目を開けたらほとんど前進していなかった。これには驚いた。まるでジムのランニングマシンの上を走っているみたいだ。

三十五キロ地点とゴールの間のどこかとしかわからないが、急に下に視界が開け、ついにゴールにして私たちの宿のあるスマラのキャンプが眼下に広がった。

感動はなし。頭も心も空っぽで何も感じない。ただ「もうすぐ終わり」とだけ思う。現実には「もうすぐ」でもなんでもなかった。スマラは難民キャンプとはいっても人口五万人の広大な町だ。ゴールまでは何キロもある。砂漠の真ん中によくこんな町をつくり、維持しているものだと、あらためて呆れる。

昨日、眼鏡のムハンマドに聞いた話を思い出す。「昔は水は二メートル掘れば出たけど、今は百メートル以上、機械で掘ってやっと出ている」

水が出なくなったらどうするのだろうか。サハラ人生存の危機になる。もっともそうなって初めて事態は切迫し、今の膠着《こうちゃく》状況が動き出すかもしれないが。

向かい風は依然として激しい。身をよじるように町の中に入っていった。もう他のランナーの姿は見えない。ただ、一般の西サハラの人たちが幼い子供の手を引いたり、車のトランクに荷物を積み込んだり、ヤギにえさをあげたりしている。町は日常生活そのもので、なぜ私一人がひいひい言いながら走っているのかわからない。えらく恥ずかしくなった。

それでもまだあちこちに警備とおぼしきポリサリオ戦線の兵士たちが立っていて、私を見ると拍手し、「頑張れよぉ！」と声をかけてくれる。学校にあがる前のちびっ子たちもまるで叱咤《しった》するように「こら、走れ、もっと走れ！」と容赦なく怒鳴る。

「わかった、わかった」とつぶやきながら、走るというか、よたよたとよろめきながら前へ進む。

ついにゴールらしきテントが見えた。宮澤のカメラが見えたが、もう痙攣が限界で歩いてしまう。今やよろめくのを通り越して、がに股でぐらぐらと揺れるというのに近い。でも気づくと、後ろからスペイン人がラストスパートを今頃かけてくる。

やめてくれ、そういう悪あがきは！　と心の中で叫びつつ、私も必死に走り出した。悪あがきは私の十八番だ。前にいた欧米人の二人組を追い抜いた直後、ゴール。

タイムは五時間四十分。

小柄なシルヴィアがやってきて握手してくれた。そしてマヌエラも現れ、「シルヴィアは三時間五十分で女子の部で二位よ！」と教えてくれた。

もう彼女は二時間近く前に到着してたのか？　すごすぎる。しかも世界の猛者の中で二位とは。やっぱり彼女はカナリヤ諸島の学級委員だった。

マヌエラは五時間十分、つまり私より三十分早くゴールインしていた。「途中まではよかったけど、最後の風は辛かった」とため息をついた。顔は日焼けで真っ赤だ。でも最後まで足が攣ることもなく歩かなかったらしい。彼女もなんと女子の部で五位。

うーん、学級委員もすごいが、ザ・おばさんも強い。

さらに特攻隊員のドイツ人が来て、妙にがっしりと握手。「よくやった、よくやった」というふうにうなずく。なんだ、戦友ってやつか。聞けば、彼も痙攣がひどくて、私よりほんのちょっと先に着いただけだった。世界中のマラソン大会を渡り歩く歴戦のツワモノでも、砂漠では思うようにいかないらしい。

「今年は去年とコースが少しちがった。三十キロ地点に木がなかったろう？　去年より砂が多くてタフなコースだったよ」と首を振っていた。

宮澤がカメラを回している前で、竹村先輩に「今の気分は？」と感想を求められたが、やはり頭も心も空っぽのままで、何も出てこない。「やりとげた！」という充実感もなければ、「終わった！」という解放感もない。いちおう完走したという点では少しホッとしたが、後半部分的に歩いてしまった自分に腹も立っていた。ただそれは言葉では表せず、「俺って意外に体力あるでしょ?」と心中とは裏腹におどけてみせただけだった。竹村先輩も宮澤もまさか私が完走するとは思わず、心底驚いているようだった。いっぽう、彼らは疲れ果ててもいた。彼らも炎天下の砂漠を六時間近くも撮影しつづけていたのだ。宮澤は「俺のカメラ、いかれちゃったよ」と力なくつぶやいた。「ここの砂は尋常じゃないよ」

細かい砂が入り、カメラのズームが動くごとにシャリシャリと音がする。「きっと中も砂が入っておかしくなってるはずだ」と彼は言う。彼はイラクの首都バグダッドや自衛隊の駐屯していたサマワに何カ月も住んでいたことがあるが、そんなことは一度もなかったという。

「いくら砂漠といっても、町周辺とほんとうの砂漠では環境が全然ちがうんだよ」とのことだ。

しかし、彼らが疲弊しきっていたのは精神的な部分だった。

「どうして俺たちは高野のためにこんなことをしてるんだろう」と竹村先輩はつぶやいた。

別に私が「僕を撮ってください」とお願いして彼らを連れてきたわけじゃないが、結果的にそうなってしまった。それに、私のところにはいろんなランナーが来て、互いに握手をして、健闘を称えあっているが、彼らにはそれがない。疎外された気持ちがあるのだろう。

走った者と走らなかった者、当事者と傍観者という、ちょっと非情な区分けができてしまった。

しかし、私がこれだけ走ることができたのは間違いなく先輩たちが撮影をしてくれたおかげだ。彼らがいなくても完走はしたと思うが、タイムはさらに一時間くらい遅かったかもしれない。

その意味では、先輩たちが「高野のためにどうして……」とぼやくのももっともである。

いやあ、ほんとに申し訳ない。

家に戻ると、ビッグママのメチュが丸い体を転がすように走り出てきた。

「もう走ったのかい？　大丈夫かい？」例によって大声のアラビア語。言葉はわからないがそう訊いているのはわかる。

「走ったよ。最後まで走ったよ」と笑うと、私の手を握って「よかった、よかった」と嬉しそうににこにこした。そして、ハッと我に返ったように、真面目な顔で「ほら、疲れたでしょ。早く水を浴びなさい。水を浴びたらご飯食べなさい！」とせかす。ほんとうに自分の家に帰ったみたいだ。

日本を出てから初めての水浴。水が貴重なところなので、今までは「水浴びしなさい」と言われても遠慮していたのだ。サハラの地下水は冷たかった。もうマラソンが夢のように遠ざかっていた。

深夜の興奮、再び

翌日、表彰式を見に出かけた。

雲が青い空に何本か斜線をひいていたが、太陽にはかからず、昨日より日差しは強い。今日走らなくてよかったと胸をなでおろす。

昨夜は寝るまで足のあちこちが攣りつづけていたが、今日はおさまっていた。いちばんひどかった足首周辺に違和感があるがそれくらいだ。筋肉痛すらごく軽いものだった。雪の東京で練習していたときよりはるかにマシだ（ちなみに、その翌日も翌々日も何事もなかった）。私、というより、「人間」は思うより耐久力を持ち合わせているようである。

観客用スタンドが作られたセレモニー会場では、ランナーたちがひしめいていた。みんな、表情が明るい。

参加者全員のタイムが貼り出されていたので、人ごみをかきわけて自分の名前を見つ

レースを終えて。左からメチュ、シルヴィア、私、メチュの親戚のおばさん

ける。

タカノヒデユキ　日本　5時間39分14

てきとうな大会なので、タイムの速い順に並べられているものの、順位は記されていない。私より速い人の数をかぞえるのは大変なので、遅い人を数えると、意外にも三十一人もいた。少し嬉しい。途中棄権者もかなりいるはずだから、おそらく出場者約二百三十名中、百八十位くらいではないか。

世界中からの猛者にまじってよく健闘したと自分を称えたくなったが、実際には猛者以外の雑魚もけっこうまじっていたということだろう。

私が完走したうえ最下位も免れた理由を一つだけ挙げるとすれば、「タオル」だと思う。首にタオルを巻いたスタイルはスタート前に他のランナーたちに心配されたが、実際に走ってみると、大正解だった。水をいくらかぶってもふつうの布ならすぐに乾いてしまうが、タオルは保水力抜群で、五時間四十分のあいだ、ずっと湿ったままだった。おかげで私の首はずっと冷却されていて熱中症の気配もなかった。

これぞまだ世界が知らぬジャパニーズ・〝ロー〟テクノロジーで、今後サハラ・マラソンに挑戦する人たちに広く勧めたい。

「やあ、君は何を走ったんだい？」どこかの若いランナーが話しかけてきた。

「マラソンだよ」

「僕もマラソンだ。完走できたか？　タイムはどうだった？」

「完走はしたけど、いや、ひどいもんだった」私が苦笑すると、彼は真面目な顔で首を振った。

「ノー。マラソンの勝者は一人じゃない。完走したランナーはみんなが勝者なんだ」

彼は私の右手を自分の右手でがっしりと握った。

さすが、毎日親や子供やかみさんに「マリア、愛しているよ！　チュッ」なんてやっている民族だ。日本ならこんなこっ恥ずかしいことはとても言えないし聞きたくもないが、ここでそう言われるとつい嬉しくなってしまう。というか、正直胸が熱くなってしまった。やっぱりここに来てよかった。

表彰式も感動的だった。

五キロ、十キロの部門では、西サハラの選手が何人か、入賞していた。数が曖昧なのは、場内のアナウンスが聞き取れないし、彼らの風貌がアルジェリアの選手と似ていて、見た目にも区別できないからだ。

もっとも、女子にかぎれば、よく区別がついた。アルジェリアの選手はジャージ姿なのに対し、西サハラの女子選手はいつものように頭からすっぽりとベールをかぶっているからだ。彼女たちはとてもランナーには見えない。

女子選手はみんな控えめだが、男子はちがう。西サハラの選手も外国人も、多くは西サハラの国旗を派手に振りながら登場し、場内は大熱狂である。

女子マラソンの入賞者は、シルヴィアを含め、全員が身長百五十センチ前後、体重は四十キロに満たなそうな小柄な人たちだった。マラソンはこういう体型が強いのか。

いっぽう男子フルマラソンの入賞者は対照的にがっしりした体つきの人々だった。優勝者はバスクの選手で、タイムは二時間四十二分。信じられない記録だ。彼はふつうのマラソンでも世界トップレベルなのではないだろうか。

彼が西サハラとバスクの二つの大きな国旗を振り回して壇上にあがったときは、西サハラ人とバスク人の悲願が交錯して、場内は興奮のるつぼと化した。

何とも不思議だった。

世界中から集結したマラソンランナーたちが西サハラの支援を訴えているだけでも奇妙なのに、なぜかバスクの独立まで応援している。彼らの唯一の共通項がいまだに「大スペイン共栄圏」であることもそうとうに変だ。

だが何より不思議なのは、その中で同じく「サハラ・リブレ！」「バスク・リブレ！」などと大声で叫んでいる自分がいることだ。マラソンを一緒に走っただけで同志意識を植えつけられてしまったのだ。いくらスポーツがナショナリズムと相性がいいとはいえ、驚くばかりだ。無闇に楽しい。拳を突き上げてしまう。

西サハラに滞在してたった四日。マラソンに参加しようとしてから数えてもたかだか三週間弱なのに、なんだかこれに人生を賭けてきたかのように思えてしまう。ましてやバスクの独立運動なんて昨日発見したばかりなのに、めちゃくちゃ感情移入している。

この気持ち、何かに似ている。

そう、深夜のろくでもない興奮とそっくりなのだ。

私をサハラに連れてきたあのワンクリックがここに直結している。

「翌朝」のことはなんとなく想像はつく。竹村先輩と宮澤が撮った映像がもしテレビの番組か何かになって全国に放映されたりしたら、私のよれよれの走りともいえない走りが白日のもとにさらされる。顔も泣きそうになっているはずだ。間違いなく私は月面三回転半ひねりで身投げしたうえ海中深く沈んで遺体もまだ発見されていません！　という状態を熱望するだろう。

だがその予感は遠い。なぜなら深夜には翌朝の気分は永遠にわからないからで、私は他人のナショナリズムに気持ちよく酔いしれていたのだった。

ブルガリアの岩と薔薇

クライマックスは終わったあとにやってくる。

変な言い方だが、そう言うしかないような出来事に襲われたきっかけは、一昨年（二〇〇八年）の六月、セルビアからブルガリアに向かうバスだった。

私はちょうど「メモリークエスト」というミッションを終えたところだった。メモリークエストとは、読者の依頼を受け、その人たちが過去に出会ったり見たりした人やモノを、世界の果てまでも一人で探すという壮大というのか無茶というのかわからないプロジェクトであり、私は一カ月かけてタイ、セーシェル、南アフリカ、そしてセルビアと四カ国で五件の「記憶」を探索した。

我ながら驚いたことに、結果は四勝一敗。実に四つの依頼を発見することに成功した。何よりも、最後の「旧ユーゴ内戦中に消息を絶った元留学生仲間のボブを探してほしい」という依頼を見事かつ劇的に果たしたのは心底嬉《うれ》しかった。「これで旅は終わった……」と息をついたのがやっと前日のことだ。

あとは帰るばかり。セルビアから日本への飛行機代は高いので、とりあえずトルコのイスタンブールまで陸路で出ることにした。セルビアの首都ベオグラードからブルガリアの首都ソフィアまで約十時間、ソフィアからイスタンブールまで、やはり十時間程度と聞いている。

ソフィア行きのバスは小ぎれいで快適だった。国際便なだけにいろいろな種類の人が乗っている。

私の右隣に座った色白の青年は今まで私が見たこともないような、ペルシアンブルーともいうべき深い青緑色の瞳をしていた。ヨーロッパ人のようだが、ふつうのヨーロッパ人と雰囲気がちがう。「どこの人?」と訊《き》いたら、「イラク」という答えだった。「父は外交官だから僕もあまりバグダッドには住んでいない。あそこは危険だよ。アメリカの兵隊にすぐ撃たれるしね、あははは」と彼は朗らかに笑った。

彼はベオグラード在住だが、ソフィアにあるイラク人学校の試験を受けに行くところだという。いかにも能天気なお金持ちの坊ちゃんという風情と、イラク人であるという特殊な立場から来るとおぼしき神経質さを持ち合わせており、「このバスは直行なのか、それとも乗り換えがあるのか」とか「どこでパスポートチェックがあるのか」と落ち着かない様子で私に訊く。

私だって、ブルガリアに行くのは初めてで、右も左もわからないから、反対側の隣に座っている岩のようにごつごつした年配のおじさんに訊いてみた。

おじさんは一瞬、戸惑った顔をしたが、「君はフランス語は話せるかな?」と逆に聞き返した。「少しは」と私が答えると、イラク青年の質問について、フランス語であれこれ教えてくれ、私はそれをまたイラク青年に通訳した。

イラク坊ちゃんは疑問が解けたらすっかり安心したらしく、たちまちガクッと首を垂れて爆睡してしまった。

すると今度はおじさんのほうがフランス語で私にいろいろと話しかけてきた。彼のフランス語は流暢《りゅうちょう》で、発音もきれいだ。

「私は船舶のエンジニアで、フランスの船会社で二十年近く仕事をしていたんだよ」と嬉しそうに言う。英語はまったく話せないというから、外国人と喋《しゃべ》る機会もめったにないのだろう。

「当時、日本人の同僚がいて、そいつがいい男でね、一年近くも一緒に船に乗っていたけど、楽しかったなあ」などと思い出を語り、私も任務が終わったあとの気楽さから「へえ、そうだったんですか」とにこやかに聞いていた。

エンジニアとはいっても、船乗りである。胸板は私の倍以上あり、Tシャツからこれまたぶっとい毛むくじゃらの腕が突き出ている。頭髪は薄く、ゲジゲジ眉毛、顔も岩に古い皮袋をかぶせたようにごわごわしている。

察するにかなり肉体労働をしてきただろうし、歳も六十四だというが、きつい体臭はせず、意外にも薔薇《ばら》のような芳《かぐわ》しい匂いがする。

岩と薔薇。不思議な取り合わせだ。

ブルガリアは薔薇の香水で有名だというガイドブックの記述を思い出した。こんなごついおじさんでも薔薇の香水をつけるほど、ソフィアは垢抜《あかぬ》けているのか。それとも一般庶民でも薔薇の香水をつけるのがブルガリア人の習慣なのだろうか。だとすると、いろいろな伝統的な文化が色濃く残っているのだろうか。ブルガリアとソフィアに対する興味がふつふつと沸き起こった。

以心伝心というのだろうか。私の気持ちに、この岩のような薔薇のようなおじさんも応えてくれた。

「ソフィアではうちに泊まりなさい」と言ってくれたのだ。

「私は妻と離婚しているし、一人娘もベルギーで仕事をしている。一人暮らしだ。手製のワインもあるよ」

おお、なんてラッキーな。現地の生活を知るには、地元の人の家に泊めてもらうのがいちばんだ。酒飲みの私としては、地元の手製の酒はいっそう魅力的だ。

喜んでいたら、おじさんは「君はドラッグをやったことがあるか？」と妙なことを訊く。元アヘン中毒者の私としては「ウィ（はい）」と答えるしかなかったが、そこから話は展開せず、意図をはかりかねて私は内心首を傾《かし》げた。

ところが、次の質問は首を傾げるどころでなかった。「君は男と寝たことはあるか？」と言うのだ。ギョッとした。

「いえ、そんな趣味はないですよ。あなたはあるんですか？」

「いや、私もほんのちょっとだよ。ふつうはやっぱり女性がいい」努めてさり気ない口調でおじさんは答えた。そして沈黙。

いったい何なんだろう……。

私は頭がぼーっとしてきた。私はここ三週間以上、毎日四、五時間しか寝ていない。メモリークエストのミッションに興奮しすぎて、夜よく眠れないのだ。今日もまだその興奮の名残りがあり、しかも不慣れなフランス語ですでに三時間くらい会話している。「男と寝たことがあるか」という質問が頭から離れないが、それも疲れのせいだろうか。妻も娘もいたというからゲイではないだろう。ふつうは女性がいいっていうしな。それにドラッグのことを先に訊いているから、「変な体験」一般について話を振っただけかもしれない。変な体験一般というのもおかしいが。それにゲイでも女性と結婚した人はいると聞くし、ゲイでなく男女両刀のバイセクシャルというケースもありうるが、それも考えすぎだろうか。神経質になっているのか……。

疑問がぐるぐる回るうち、バスは国境に着いた。イラク青年が「僕は大使館員の息子だ。パスポートチェックは大丈夫だよね？」とまた少々取り乱しはじめ、岩薔薇おじさんを介していろいろ訊かねばならなかった。

さらにバスを乗り換えるため、国境のゲート近くを歩いていると、ソフィアから来たという元気のいい娘が「わーお、ここから私の祖国ブルガリアよ！」と妙なテンションで叫んで、写真をバシャバシャ撮る。パスポートチェックを通って、また露骨に安心しているイラク坊ちゃんがそれを見て、「ねえ、君、イラクの国境で写真なんか撮ったら、アメリカ兵にすぐ射殺されちゃうよ～」と得意のジョークを叫び、ゲラゲラと笑う。ちょっとアナーキーな状況に先ほどの疑問がどうでもいいことのように思えてきた。

ソフィアに到着したのは夜の八時だった。

薔薇のイメージを裏切るように、ソフィアは垢抜けない田舎町だった。国際社会から孤立しているはずのセルビアのベオグラードのほうが数段都会だ。こちらは郊外ではロマ（いわゆるジプシー）の人たちが馬車を駆っている。

さすがに街中に馬車はなかったが、トラム（路面電車）はボロボロで、いかにも「東欧」という雰囲気を醸し出していた。

私は岩薔薇おじさんと二人で夜の街に佇《たたず》んでいた。岩薔薇さんはバスを降りてからめっきり無口になった。「両替をしたいんだけど」と言っても「うちに泊まるのに金はいらない」と曖昧なことを言っておしまいだったし、「うちはどこですか」と訊いても「遠くない。心配するな」としか言わない。

イラク坊ちゃんはソフィア娘に手を引かれてどこかへ行ってしまった。世間知らずが服を着て歩いているようなあの青年が、ややテンションが高めだが若くてかわいい娘と一緒に去っていったのに、どうして旅慣れているはずの私はこんなおっさんと二人きりなのだろうか。何かが間違っている……。

トラムに揺られて数駅、そこを降りて、また暗い道を歩き出した。おじさんの引っ張る荷物のプラスチック製のカートが古い石畳の上を転がり、生活にくたびれたゴトゴトという音が夜の街に響く。

——ああ、これは失敗では……。

今まで何度も感じたことのある強烈な予感が胸に押し寄せてきたが、もう乗りかかった船である。「虎穴に入らずんば虎子を得ず」と自分に言い聞かせて、あとについて黙々と歩いた。

岩薔薇おじさんのアパートは市内のかなり中心とおぼしきところにあった。建物自体はみすぼらしい感じがしたが、それはエントランスがまったく掃除されていないせいかもしれない。三階のおじさんの部屋に入ると、百三十平米の巨大マンションだった。

四つか五つある部屋の灯《あか》りはすべてシャンデリアで、バスルームは二つ、表と裏にそれぞれバルコニーがついており鉢植えがぎっしりと並べられている。

そこら中に服やら庭仕事の道具やらが散乱して典型的な「男一人暮らし」の様相を呈していたが、ピアノや金細工のふちどりのある椅子や壁の絵画などは明らかに上品な女性の趣味が感じられた。別れた奥さんか娘さんのものだろうか。

「へえ、立派なお宅ですねえ」と率直に感心した直後である。

岩薔薇おじさんは私のかぶっていたキャップをとると、いきなりガバッと抱きしめ、

「おお、モン・シェリ（私の愛しい人）！」と言いながら私の首筋にチュッと音を立ててキスした。

岩のような腕と、薔薇の芳しい香りに包まれ、私は呆然《ぼうぜん》とした。

「何をするんだ‼」思い切り突き放しながら、強張った笑みをつくって言うと、「え、これは日本式の挨拶じゃなかったっけ？」と、今や油断も隙もない〝岩薔薇オヤジ〟と化した年配の男はすっとぼけた。

「まあ、座ってくつろぎなさい」とキッチンの椅子をひく。

——やはり、こういうことだったか……。

現地通貨が手元にまったくないまま見知らぬ夜更けの町に出る気がしないから、私はしかたなく腰を下ろしたが、くつろぐどころではない。

オヤジは先ほどの一件などなかったかのように、平気な顔でいそいそと夕食の準備をしはじめた。

ナイフで器用に野菜を切って手早くサラダを作っている様子がいたって家庭的なので
「あれ、俺の考えすぎだったのかな」と希望的観測をしたのも束《つか》の間《ま》、オヤジは冷蔵庫から材料を取り出そうと私の後ろに回ったとき、ふいに頰をすっと指でなでた。ぎょっ

として振り向くと、いたずらっ子みたいな顔で「うふふ」と微笑《ほほえ》み、また何事もなかったかのように自分の椅子に戻る。

次に冷蔵庫に向かったとき、オヤジは再びこちらへ指を突き出した。今回は予想していたので、とっさによけることができた。オヤジはにやっとした。

かくしてオヤジが冷蔵庫へ行くたびに私はボクサーのように、頭を下げたり、顔をのけぞらせたりして、オヤジの指先をかわさなければいけなかったが、それもまたオヤジと私の愛の戯れのようになっているのが腹立たしい。

だが何より腹立たしいのは自分自身だ。

「虎穴に入らずんば虎子を得ず」と思ってここまで来たが、だいたいどこに虎子がいるのか。無意味に虎穴に入っただけじゃないのか。何度、見知らぬ人にのこのこついていって痛い目にあえば気が済むのか。

虎子はいなかったにしても、ここで帰るのは悔しい。せめて手製のワインと料理は食おうと腹を決めた。

「さあ、タカノ、ボナペティ（召し上がれ）！」とオヤジが満面の笑みで言い、私たちはワインのグラスを合わせた。

料理はうまかった。ブルガリア名物のショプカスサラダはシンプルだが、シンプルなだけに野菜そのものの味が際立っているし、チーズのオーブン焼きは味はしっかりしつつも胃にもたれず、長旅のあとにちょうどいい。

ワインは、一般に売られているものとちがい、ダイレクトに発酵した感じだが、ブドウの味がそのまま残っていて、野趣あふれている。

正直な私は「おいしいですね」とまた感心してしまい、オヤジは「そうか、そうか」と嬉しそうな顔をした。

「ワインは自分でブドウから作っているんだ」とオヤジは得意気に言った。「田舎に別荘があってね、そこでブドウや野菜を育てて、酒も造っている。いいところだよ。君も今度一緒にどうかな」

「ぜひ今度、妻と一緒に行きたいですね」

「料理も今は作りおきしかないが、私はいろいろ作れるんだよ。肉料理もうまいよ」

「ぜひ今度妻と一緒にいただきたいですね」

「この家も別荘も他に誰もいないから、君がよければ一カ月でも二カ月でもいていいんだよ」

「ぜひ今度妻と滞在したいですね」

一見、和やかに会話をしているようだが、オヤジのほうはなんとか私を自分の懐に引っ張り込もうと画策し、私は「妻」を連呼することでオヤジの意図には乗らないことをアピール。熾烈《しれつ》な駆け引きが繰り返された。

二人とも緊張しているので、酒がどんどん進む。ワインのボトルを空けると、次は同じく自家製のラキヤ（ブドウ焼酎）。これまた悲しいことに美味《うま》い。ますます杯を空けるピッチが上がる。

互いに酔っ払ってくると、余裕が出てくる。話もどんどんダイレクトになる。ダイレクトどころか、オヤジは「ジュテーム（愛してるよ）」と言い出す。

「ジュテーム」と愛を囁《ささや》かれたのは人生二回目だ。一度目はタイでフランス語の観光ガイドをしているおかまに口説かれたときで、毎回男に言われるのが残念だ。

「君はいくつだ？」と言うから憮然《ぶぜん》として「四十二歳」と答えると、オヤジはこのときばかりは目を見開いて驚愕《きょうがく》した。「四十二？　信じられない。二十歳くらいと思っていた」

私は童顔なうえに苦労をしていないので、たいてい若く見られる。トルコやイランなど中東ではよく学生と間違えられる。

初めて相手に打撃を与えられて思わずにやっとしてしまったが、敵もさるもの。

「いや、年はいくつでもいい。君は美しい」と態勢を立て直した。「でも人は見かけが美しいだけじゃダメだ。君のように振る舞いも美しくなければ」

私が返す言葉を失っていると、オヤジは攻める。

「今日、君がバスに乗ってきて私の隣に座っただろう？　そのとき、君はにこっと微笑んだ。それが実にかわいらしかった」

「そんなの、ただの挨拶だよ」と反論すると、オヤジは答えず、「私も若いときはハンサムでもてたんだよ」とうそぶく。「女も男も私が通ると振り返ったものさ」

そして、実は船に乗っていたときの日本人の同僚とも「特別な関係」にあったとか、フランス人の船長に気に入られていい思いをしたという話をする。

ハンサム？　この岩みたいにゴツゴツして、頭は禿《は》げ、毛むくじゃらのオヤジが？

「はは、冗談でしょ」という私の言葉にさすがに腹を立てたようで、オヤジは隣の部屋に行き、昔の写真を持ってきた。

見て、びっくり。若い頃のオヤジは、「太陽がいっぱい」の頃のアラン・ドロンそっくりの風貌なのだ。最初は「俺を無知な日本人と思ってアラン・ドロンの写真を見せてるんじゃないか」と疑ったくらいだ。だが、二十代、三十代、四十代、五十代と順番に見せられると、アラン・ドロンが化学変化を起こすように、徐々に髪が薄くなり、顔や腹に肉がつき、しわがよって、今のオヤジができあがるのが見て取れて、二度驚かされた。

「ほら」とオヤジはまたこのラウンドもポイントを取ったぞという顔をする。

そして「これが娘だ」と別の写真を見せる。

女優かモデルかという美女がいた。若い頃の父と並ぶとアラン・ドロンとその娘という風情だ。

「彼女は結婚してるんですか？」

「残念ながらまだだ。こんな美人のうえに弁護士なんだ。かえって釣り合う相手がいないんだよ」と父は誇らしげだ。やっぱりどこでも娘は父親の自慢の種らしい。

「僕に紹介してくださいよ」ついふだんの調子で軽口を叩《たた》いたら、オヤジは素早く言った。

「ノン。その前に私が君をいただく」

どっしゃーん。どうしてそうなるのだ。私はまるで自分が父親と娘との異常な三角関係に陥ったような気がして、冗談ではなく目眩《めまい》がした。

このように、ときどきふつうの会話に戻っては、また突然、「愛」が放り込まれるということが繰り返された。敵のパンチが的確にヒットし、こちらのダメージは蓄積するばかりだ。KOされないまでも判定負けしそうだ。でも判定負けって何だ？と考えるだけで恐ろしい。

恐ろしいのだが、私はそのままオヤジとのやりとりをつづけた。

なぜ飯を食ってさっさと立ち去らなかったのか。別に手足を縛られているわけでもないし、ドアに鍵をかけられて監禁されているわけでもない。出ようと思えばいつでも出られる。金がないとか、もう夜中だということもある。だが、それだけではない。

白状すると、私は圧倒的な感動に襲われていたのだ。自分は今まで、誰かからこんなに親切にされたことがあっただろうかと思った。何か自分の価値観を揺るがすような衝撃だった。

もちろん私は国内でも海外の旅先でも、数え切れない人にものすごく親切にしてもらってきた。でも、これは何か桁がちがう。

強いていえば、一度だけ似たような感情を味わったことがある。中国・済南にある中国人の友だちの家を訪れたときだ。友だちのお兄さんという人がにこにこしながら、夜、お湯で私の足を洗ってくれた。そのとき「親切はここまでいくのか」という衝撃を受けたが、それに匹敵する。

ただ椅子に座っているだけで、酒や料理が出てくる。仕事をしながら、相手は休まず、「おいしい？」「硬すぎない？」「部屋は寒くない？」と私に声をかけて気遣う。

これまた自分で作ったという胡桃《くるみ》やアーモンドの殻をむいては、私の手のひらに乗せてくれる。「メルシ」と言うと微笑んでうなずく。

いちばんグッと来たのは、言葉だった。バスでオヤジと出会ってから、もう十時間くらいフランス語で話しつづけている。私のフランス語はもともと片言に毛が生えた程度で、しかもまともに喋るのは八年ぶりくらいだ。

なのに、すらすら喋っている。「俺のフランス語は意外にわるくないんだ」と思った。

私の最大のコンプレックスは外国語ができないことだから、なおさらである。それがこのオヤジにずるずると引っ張られてきた原因の一つだった。

今それが間違いだと気づいた。

フランス語がスムーズなのは、オヤジが私の話に合わせてくれているからだ。私がどれだけ理解できているか常に気をつけていてくれる。喋るのが速すぎると思ったら、スピードを落とす。私が訥々《とつとつ》と語る言葉を、辛抱強く「うん、うん、それで……」と聞く。

私は十以上の外国語を使ってきたが、こんなにもこちらに合わせてくれる人はいなかった。ほとんどの人は自分のペースで喋り、私のことなど頓着しない。なまじこちらがちょっと喋れると、話が通じないときに向こうはすぐいらつく。

特に英語、フランス語など欧米の言語は、話し手が欧米人でもアジア人やアフリカ人であっても、多かれ少なかれ「話せて当然。話せないのはバカ」という態度である。そして、その差別や偏見に耐えて頑張るのが当たり前と思っていたが、そうでない空間がここにあった。

言葉だけでない。会話の内容もそうだ。

例えばオヤジが「休暇にはときどき海に行くんだ」と言ったとき、私は「え、ブルガリアに海があるの？」と言ってしまった。

ブルガリアの地理がさっぱりわからないせいだが、地元の人はこういう非常識な発言を聞くと、たいていひどく気分を害する。いつもなら、「ブルガリアに黒海があるのも知らないのか！」と叱られる場面だ。

ところがオヤジはひとつも嫌な顔をしない。「そうだよ。黒海があるんだよ。でも最近、黒海はリゾート開発が進んでね。値段が高いから、今はギリシアのエーゲ海に行ったほうが安いって人もいるよ」と親切丁寧に教えてくれる。

ラ・ヴィ・アン・ローズ（薔薇色の生活）とはこのことだ。世の中でここまで心底自分を大切にしてくれる人がいたのか。

もちろん、その心底とは、「今晩君を抱きたい」という超・下心なわけだが。

ああ、女はいいなと思った。今私は女性の扱いを受けているのだ。日本人は男はさっぱりだけど、女性はどんどん外国へ出ていく。それはひとえに日本の女性の適応力や外国語習得能力だと思っていたが、それだけではない。どこへ行っても彼女たちは多かれ少なかれ、こういうふうに扱ってもらえるのだ。

男とちがい、いつも丁寧に話をしてもらえる。多少言葉が下手でも質問がバカでも楽しく笑ってもらえる。そして嫌になったら「帰る」と言えばいい。主導権は圧倒的に女性側にある。

並大抵の心地よさじゃないのだ。ここ十年で最大のカルチャーショックかもしれない。

自分が口説かれている女性であると位置づけると、頬をつっつくとか手をなでるといったオヤジの必死の攻撃も苦でなくなり、それどころか「頑張ってるな。ふふふ」と余裕の笑みさえ浮かんできた。

だからこそ、深夜十二時頃、食卓がきれいに片付いたところで、オヤジがあらたまって、「君は本当に今晩、試す気はないの？」と訊いてきたとき、「ノン」と微笑みながら返すことができた。

「どうしてもダメ？」オヤジは、おあずけを食らったままご飯をとりあげられた犬みたいに情けない顔をした。

「どうしてもダメ！」私はサディスティックな快感もおぼえつつ毅然《きぜん》としてつっぱねた。

オヤジは淋《さび》しそうな表情をしながらも、「そうか」と意外にあっさり引き下がった。

私をベッドルームに案内し、「私は隣の部屋で寝ているから何かあれば言ってね」と言い残して出ていった。オヤジはキッチンの後片付けや、荷物の整理などをしているらしく、ガタガタと物音がしていたが、一カ月近い長旅の疲れと今日一日の気疲れと手製の酒の酔いが重なり、私はあっという間に眠りに落ちた。

ふっと目が覚めたときは、一時半だった。

オヤジに連れ込まれたなんて夢のようだったが、夢でなく、現在進行中であることにあらためて愕然《がくぜん》としていると、壁を隔ててすぐ真横でベッドがギシギシときしむ音がする。ただ寝返りを打っているにしては激しいし、いつまでもつづく。

オヤジは何をしているのだろう。息を潜めて耳を澄ませていたら、プーッととてつもなくでかい屁の音が聞こえた。そしてまたベッドがギシギシきしむ。

存在の耐えられない重さとでも言おうか。ドアを見れば、鍵がついていない。いつでもオヤジはこの部屋に入ってこられる。もちろん、いくら相手がごつい男とはいえ、六十四歳にまざまざ組み伏せられはしまいと思ったが、貞操を守るためにあのオヤジと格闘するなんて想像するだけでおぞましく、息が苦しくなってきた。

学生時代、ロッククライミングで巨大な岩壁の真下に立ったときの、どうにもならないような圧迫感を思い出す。

薔薇のあとには、岩か。

ああ、いかんと思っていたら、ドアがばたんと開き、オヤジがパンツ一枚の姿でぬっと突っ立っていた。いかつい顔のままこちらに近づいている。焦って起き上がろうとしたが、体が動かない。

「うわああ！」と声をあげようとして、ハッと気づけば、夢だった。

いつの間にか寝入っていたらしい。汗びっしょりになりながら、また疲れと酔いで眠りに引き込まれると、ドアがばたんと開き、オヤジがいかつい顔で立っている。一歩二歩とゴジラのように近づいてくる。

「うわああ！」と叫びかけてハッと目覚める。

これを十回も二十回も朝まで繰り返した。

女は全然ラクじゃない。こんな圧迫感に身を浸さねばならないのだ。

女は辛《つら》いよ。

「モン・シェリ、朝食だよ〜」

ブルガリアの朝の光の中、岩薔薇オヤジの甘く野太い声を聞きながら、女性初体験の私は半泣きだったのである。

名前変更物語

妻に土下座をしたのは四月一日の晩だった。

「俺と離婚してくれないか」と言ったのである。

彼女は椅子に座ったまま黙っていたが、やがて「やっぱりそれしかないの？」と訊《き》いた。

「うん。他に方策はないんだ」

「そう……」彼女はつぶやいた。

小説じゃあるまいし、まさか自分の人生にこんな劇的な場面が訪れるなど夢にも思わなかった。だが現実は小説より奇なり。次に私が言ったのはこうだった。

「で、そのあとに再婚してください！」

妻は「はあ」とため息をついた。

「頭、痛いねえ……」

いや、まったく同感だ。しかし本当に他に方策がないのだ。

すべては謎の怪魚ウモッカを探すためである。

世界の科学史を書き換えるかもしれないこの魚が目撃されたのはインドだけである（インドで一人の日本人旅行者が目撃したのが唯一の記録）。

だが、私はインドに入国ができない。七年前（二〇〇二年）、やむをえない事情でミャンマーからジャングルを歩いて越えて、インドに密入国してしまったのだ（詳しくは拙著『西南シルクロードは密林に消える』［講談社文庫］をご参照ください）。

当然強制送還され、それっきり入管のブラックリストに載ってしまった。三年前、そうと知らずにインドに行ったら空港で入国拒否にあい、再度強制送還の憂き目にあった。すっかりインドがトラウマになってしまい、私は今でもインドレストランには決して入らないし、機内食でインドカレーが出ると強制送還の途中みたいな気がする。

ブラックリストほど載って嬉《うれ》しくないものはない。なんとか削除してもらおうと、手を尽くした。在日インド大使館とは何度も繰り返し交渉し、芸術家から政治家にいたるあらゆるコネをたどったが、結果からいえば全部アウトだった。

「高野さんは反政府ゲリラ地帯を単独で突破してきたでしょう？　それはインドの国防体制を揺るがす大変な行為だったんですよ」と当時お世話になった日本領事館の領事氏は言う。実際にそんな大げさなものかどうか知らないが、厳しい処分になっているのは確かである。

ブラックリストから名前がはずれないのなら、最後の手段はそのリストに載っていない名前にするしかない。つまり「改名」である。下の名前を変えるのは困難だから、姓すなわち苗字を変えようと考えた。

これは二回目の強制送還の直後でも模索し、二種類の方法があることがわかっていた。一つは養子縁組をして誰かの子供になること。もう一つは妻といったん離婚し、そのあとで再婚すること。再婚の際に彼女の姓にするわけだ。

養子縁組はひじょうに困難なので早々に諦めていた。一般に養子縁組をするのは妻の実家の家業や家督を婿が継ぐとき、夫婦がそろってそちらの姓に変わるというのがほとんどだ。だが、妻の両親はすでに他界しているし、存命だったとしても「怪魚を探したいから」という理由で許すわけがない。

では誰か他に私たちを子として受け入れてくれる人がいるかというと、そんな人はいそうもないし、その前に妻が許さない。

「他人の養子になるんなら、あんた一人でなりなさいよ！」と言う。連れ添って早八年になるのに冷たい人だ。

となると、やっぱり最後には妻と離婚・再婚しかない。

そうそう、言い忘れていたが、前回の強制送還直後は「妻と離婚し、他の女性と再婚する」つもりだった。女性は離婚したあと最低半年は再婚できないと法律で定められているからだ。幸い、某社の女性編集者Iさんがよくできた人で「私の籍ならいつでも使ってください」と言ってくれたのだが、いくら形だけでも妻は不愉快だろう。その編集者が若くて美人なだけになおさら誤解を招きやすい。

そこで躊躇《ちゅうちょ》をしていたのだが、一週間後Iさんに打ち合わせで会ったおり、「例の籍を使わせてもらうという件ですが……」と言ったら、「え？　私、そんなこと言いましたっけ？」ときょとんとしている。どうやら酒飲み話として軽く流していた模様だ。私が科学史を書き換えるために奮闘しているというのに……。

そんなわけで頓挫してしまったのだが、その後、さらに調べていたら衝撃の事実がわかった。

「女性も同じ相手と再婚するなら、半年間おかなくてもよい」とされていたのだ。女性が再婚で半年待たなければいけないというのは子供を妊娠、出産したとき、新旧どちらの夫の子かわからなくなるからという理由なのだ。そんなもん、DNA鑑定で調べろよ、と思うが、法律は昔に作られたものだからそうなっている。だいたい、子供は父親の種とはかぎらんじゃないかと思うが、法律的にはそういうアンモラルなケースは想定していないのだ。ところが、同じ配偶者なら子供の父親が問題にならないから可というわけだ。

ああ、よかった。半年も待たずに離婚・再婚できるのだ！――と私は深く感動したのだが、妻はそうでもなかった。

「待つも待たないも、姓を変えるのは嫌。あんた、それがどれだけ面倒くさいか知らないでしょ？　運転免許、銀行口座、クレジットカード、病院の診察券、TSUTAYAの会員証、それからパスポートまで何もかも変更手続きをしなきゃいけないのよ！」

そう、パスポートを変えられるじゃないか。素晴らしき哉《かな》！　と思ったが、口にはできなかった。

そんなすったもんだからもう二年以上たつ。ちょうど長くとりかかっていた仕事が片付いたところだ。フリーで「年中有休」と言われる私には関係ないが、いちおう新年度だ。新しい年。希望の春。今年こそインドへ行く。ウモッカを探す。そして科学史を書き換えるのだ！　と決意したのである。

親しい友人や編集者に苗字を変えるという話をするとみんな、いちょうに驚く。「人生を四分の一くらい賭けていますね」なんて人もいた。でも私には大したこととは思えない。中身は私のままで別人に変わるわけでもない。名前なんて所詮ラベルにすぎない。みんな、世間の常識にとらわれすぎているのだ。そう声を大にして言った。

もっともそれは家の外の話。「苗字を変えるなんて大したことない」などと妻に聞かれたら大変なことになる。

実際、妻に改名話を持っていくのには細心の注意を払った。私も結婚歴八年の猛者《もさ》。どうすれば妻と揉《も》めるかについては一冊本が書けるほど詳しい。何よりよくないのは、「あ、俺、来週からアフリカに一カ月くらい行ってくるから」という類のやつ。それが大事な仕事だろうが、そんなことは関係ない。妻が怒るのは、そういうことを「突然」告げられることなのだ。そんなとき、あっという間に家庭は修羅場と化す。

修羅場くぐりの延髄斬りとして私が編み出したのは、「報告」「連絡」「相談」の徹底だ。何か取材計画を立てると、それが具体的になる前に妻に「どうかな？」と相談し、「編集者はこう言っているんだけど」と連絡し、「来月の一日から出かけることになった」と（前もって）報告する。略して「ほうれんそう」、これが効く。トラブルはおかげでかなり減った。もしかすると職場やビジネスでも使える手法かもしれない。お勧めだ。

ともあれ、このほうれんそうの法則に従い、その前からじわじわと私は妻に自分のインド行きの意思と現状を話して、下地を作った。そして総決算が「土下座」なわけである。名づけて「ほうれんそう土作戦」だ。

これが効いた。難攻不落と思われていた妻が「しょうがないねえ。わかったよ」と言ってくれたのだ。

「おっしゃあ！」と心の中で雄叫《おたけ》びをあげた。何事も真心が大切だと痛感した瞬間であった。だが、私はまだ甘かった。

・・・

「離婚届、とってきた？」と妻に訊かれたのは土下座より一週間後のことだ。

「いや、まだ。ちょっといろいろ忙しくて……」と答えたものの、私は内心うろたえていた。

土下座した翌日、すぐにでも役所に書類をとりに行くつもりだったのに、なぜかその日は億劫《おっくう》だった。その翌日もなんだか気が進まず、さらに翌日は雨が降っていたので延期した。そうして一週間があっという間に過ぎたのだ。

なぜか。

苗字を変えることがどうにも気が重いのだ。妻の旧姓は「高橋」である。つまり私の名前は「高橋秀行」となる。

いやだなあ、高橋秀行。

まず、せっかく名前を変えてもあまりに微妙だ。今でもたまに業者から「高橋秀行」と間違った宛名の郵便物が届くくらいである。さらに私の同級生でタカハシヒデユキという奴が二人もいる。漢字はちがうが、あいつらと同じ名前になってしまうのは遺憾だ。特に一人は太ってもっさりとした奴だった。

だいたい、高橋という苗字の人は多すぎる。空港でも病院でも「タカハシさん」と誰かが呼ぶのを聞いたら、とりあえず振り向かなければならない。

ああ、高橋なんて嫌だなあと思っていたが、じゃあ、他の名前だったらよかったのだろうか。宮田秀行とか杉江秀行とか浜本秀行ならよかったのかというと、どれもこれも嫌だ。だって、俺の名前じゃないんだから。

おお、と思ってしまった。姓なんてどうでもいいと公言していたが、いざ変えるとなると思いっ切りこだわっているじゃないか。

今後、プライベートで出会う人はみんな私を「高橋さん」と呼ぶわけだが、これまでの知り合いは「高野」とか「高野さん」と呼ぶだろう。両者と一緒になるとひじょうにややこしい。

緊急時も気になる。例えば、事故や急病で意識不明の重態になりかけたときでも看護師さんは「高橋さん、しっかりして！」と呼びかけることになる。これでは、他人事にしか思えず、いくらそれが美人の看護師さんだったとしてもとうてい意識が戻りそうにない。もしかしたら、それが生死を分けるかも——というのは考えすぎだが、どっちにしても別人として生きなければいけない気がする。とうてい「単なるラベル」とは思えない。

さらに、気が滅入《めい》るのは親に報告しなければいけないことだ。私の両親は、昔はそれこそ「十年戦争」を繰り広げたが、もう最近では私のやることなすことにすっかり諦め、何も言わない。きっと今回も「ああ、そう」とつぶやくだけだろうが、昔の人だし、きっと淋しい思いをすることは間違いない。私も、二十年前コンゴの怪獣探しに出かけた頃は親とろくに口もきかず、「コンゴなんて死んでも行かせない」と反対されたときなど、「じゃあ、死ねば」と答えたほどだったが、四十を超えた今やすっかり丸くなり、怪魚ウモッカの科学史的意義などを懇切丁寧に説明してあげるほどの孝行息子になっていた。なかなか高野の姓を捨てるとは言いづらい。

高野の家も面倒だが、妻側、つまり高橋家の親族もそれを聞いて眉をひそめていた。義弟にいたっては「高野さん、うちのお墓に入るつもりですか?」と訊いた。

お墓! そんなこと、今まで考えてみたこともなかった。たしかに高橋姓になれば、高野家の墓に入るより高橋家の墓に入るほうが自然なのかもしれないが、しかし、どうしてインド入国の大作戦を展開していると墓の話にいきつくのか。

なんて面倒なんだ、姓を変えるのは。

そうして、うだうだと問題を先送りにしていたら、妻が「離婚届はまだか」と訊く。「もしかして、姓を変えるのが嫌になったんじゃないでしょうね」と彼女は目を細めて訊いた。わ、なんだ、エスパーか。なぜ俺の心が読めるのか。

「いや、ちがうよ」と私は強い口調で答えた。「明日とりに行く予定なんだ」

もうダメだ。これ以上先延ばしにはできない。隙を見せると妻が心変わりしそうでこわい。

翌日、私は生まれて初めて美容院というところに出かけた。なんせ今まで駅前の千百円の床屋か外国の床屋でしか髪を切ったことがないので、店の中へ入っただけで緊張したし、正直言って美容師の説明もあまりに聞きなれない単語が多く(「ブリーチ」

とか「カラリング」とか「セット」とか）外国にいる気分だったが、なんとか金髪にしてもらった。

ブリーチ（漂白）を二回かけたので自分でも驚くようなド金髪である。

「まるで別人みたい」と妻は驚いた。

おかげで「どうしたの？」とか「何かあったの？」とか人にいろいろ訊かれたが（友人の作家・内澤旬子《うちざわじゅんこ》さんには「失恋したの？」と言われた）、ちがう。何か重大なことがあったのではなく、これから重大なことをやろう、もう後戻りは利かないんだという不退転の決意表明なのである。どうにも「別人」になりたくない自分がいるので、姿形から「別人」になろうとしたわけだ。

開き直ると、私は強い。

そして、気合満々で離婚届をとりに行った。近くの杉並区の出張所に行くと、女性職員が伏し目がちに「離婚届は区役所にしか置いてないんです」と言った。そこであらためて阿佐ケ谷にある杉並区役所に足を運び、受付で訊くと、笑顔の女性職員が素早く笑みを消して「十番の窓口へどうぞ」と言う。まるで葬式を思い出させるしめやかさだ。

離婚とはかくも重いものなのか。

十番の窓口では男性の職員が対応してくれたが、ここもまた目を合わせず、早口で説明。意外だったのは「証人が二名必要」という箇所だった。たしか結婚のとき、証人二人の判を必要とした記憶があるが、離婚もそうなのか。

私たちが結婚したときは妻の学生時代からの友人夫妻にお願いした。今もずっと親しくしているし、私のインド問題もよく知っているから彼らにお願いしたら早かろう。そう思って、気軽に電話し、その晩お宅を訪ねたら、お二人が憂鬱な顔をしている。

「いくら形だけとはいっても、友だちとして、あんまり嬉しいことじゃないよね」と奥さんのほうが言う。ちなみに、彼女は私から離婚証人になってほしいと頼まれたあと、妻に電話したという。「ほんとうにいいの？」と確かめたそうだ。

話を聞いていてちょっと怖くなった。

なんだか、本当に妻と別れようとしているような錯覚がしてきたのだ。

でもそれはちがう。あくまで形なのだ。離婚したあと再婚するのだ。そう陽気に言い、私は首尾よく、二人の名前と印を離婚届にもらって帰宅した。

「離婚届もらってきたよ。ちゃんとOさん夫妻の判ももらってきた」

得意気に言って、離婚届を居間のテーブルにバーンと広げた。妻の署名する欄を指差し、

「ここにさ、判子を押してよ」

すると、妻はしばらくそれを眺めていたが、突然、「やっぱり、あたし、嫌だ」と言った。

「え？　何が？」

「名前を変えるのが嫌。だって、やっと高野の名前に慣れてきたところなんだよ。あんたはさあ、あたしは元の名前に帰るだけだからいいと思っているでしょ？　でも、もう高橋は自分の姓と思えなくなってるの。結局、新しい名前になるのと同じなのよ」

妻がまくし立てるのを呆然《ぼうぜん》と聞いていた。

「だって、この前、いいって言ったじゃんか……」

「やっぱり嫌。だいたい、あんたがインドに行けないのは自業自得でしょ？　どうして私がこんな目にあわなきゃいけないのよ」

なんてこった。あれだけ苦心して展開した「ほうれんそう土作戦」が「やっぱり嫌だ」の一言で反古《ほご》にされてしまったのだ。しかも厄介なことに、彼女の言っていることは完璧に正論。それに気づかれないようにと話を運んできたのに、バレかかっている……。

「いや、だからそれはもう話し合ったじゃん。もう済んだことじゃん」私は笑いながら言った。シリアスに流れるのはまずいので、意図的に軽く流そうとしたのだが、裏目に出た。妻の形相が変わったのだ。

「何が済んだのよ。あんたのほうで勝手に済ませてるだけじゃないの。済んでないわよ。判を押すのはこれからなんだから」

「いや、そうじゃなくて……」

「何がそうじゃないのよ。それにあんたは名前を変えて、インドに行けるからいいけど、私にはメリットゼロよ。ゼロ！」

「いや、メリットとかそうじゃなくて」

「じゃ何？　あんたは自分にメリットがあって私にはなくていいと思ってるの？　だいたい、あんたっていっつもそうよね。結局自分のことしか考えてない……」

ゾゾッと悪寒がした。

年に一度か二度、私たちは大喧嘩《おおげんか》をする。というか、私が妻の逆鱗《げきりん》に触れる。直接の原因は些細《ささい》なことだが、そこで今までたまっていた鬱憤がぶちまけられて、大変な有様になり、「こりゃ、もう俺たち終わりかな」と思ったことも一度や二度ではない。いっぽうで妻は江戸っ子気質だから怒るときはとことん怒るが、決着がつくとさばさばして尾を引かない。だから喧嘩も一種の定期的な大掃除というか綱紀引き締め的な色合いがある。

だが今回はいつもと緊迫度がちがった。

なにしろ目の前に離婚届があるのだ。喩《たと》えるならいつもは通常兵器での戦争であるが、今は核兵器を前に戦争をしているようなものだ。

ご丁寧なことに証人二人の印も押されている。証人は、本人たちが冷静さを欠いている場合にすぐそれが使われないようにという安全装置としての意味合いだと思うが、すでに安全装置ははずされている。ついさっき、私が頼み込んではずしてもらったのだ。

やばい。やばすぎる。

「わかったわよ。判子押せばいいんでしょ。それで終わりでいいんでしょ」なんて展開にいつなってもおかしくない。

判子なんか押されたらどうしよう。

ついさっきまで「判子を押してくれ」と頼んでいたのに、なぜこうなるのだ。もうまったく理解できない。

「わかった、わかった」とうとう私は音を上げた。「もしかしたら、他の方法があるかもしれない。探してみるよ」

他の方法など三年もの間、さんざん探してなかったのだ。これから見つかるはずもなかったが、今は核戦争を回避するのが先決だ。

かくして姓の変更という作戦は核の脅威の前に霧散したのであった。

・・・

妻の剣幕に恐れをなした私は、パソコンに向かい、ネットの検索をはじめた。といっても、これまでさんざん行った作業である。

「今さら新しい発見なんかないよ」とため息をついていたものの、はじめるとけっこう面白い。私に無関係なことなら、いくつも発見があるからだ。

例えば、「離婚したあとも、希望すれば、妻も子も夫の姓を名乗ることができる」なんて知らなかった。例えば私と妻の間に高野秀子という娘がいるとしよう。私と妻が別れ、妻が娘を引き取ればふつうは高橋秀子となるが、希望すれば高野秀子のままでもいいということである。

「夫と離婚したいけど、苗字が変わっちゃうから子供がかわいそうで……」という話をときどき聞くが、実際には大丈夫なのだ。おそらく昔は自動的に妻側の旧姓に戻ったのが、最近では見直されたのだろう。そしてそれを知らない人がたくさんいるらしい。

もっと驚いたのはある法律サイトでのQ&Aコーナー。「私は妻子ある男性と不倫関係にあり同棲しています。私は彼を愛していますが、彼の奥さんが別れてくれません。せめて彼の姓だけでも名乗りたいのですができないでしょうか」という質問があった。「そんなの無理に決まってるだろう」と思ったら、答えは「はい、できます」だった。「彼と内縁関係、つまり事実上の夫婦関係にあると証明することができれば、姓を変えることができます」

できるのか。私も誰かと内縁関係にないかと一瞬考えたが、それは今の妻だった。でも今の妻も同じ高野姓だからどうしようもない。というか、ちょっと錯乱してしまっている。

結局、ネットを調べていってあらためてわかったのは、「姓の変更」といえば、九割以上が女性の話だということだ。男性については事実上、養子縁組だけである。

「うーん」私はパソコンの前で腕組みをした。「いよいよ、最終兵器を使うしかないのか……」

最終兵器とは、日本の戸籍の特殊性を逆手にとってパスポートを取得するという裏技だ。日本の戸籍には大きな欠陥がある。読み仮名がないのだ。例えば私は「高野秀行」と戸籍に明記されているが、それが「たかの・ひでゆき」と読むとはどこにも書いていない。もしかしたら「たかの・しゅうこう」かもしれないし、「こうの・ひでゆき」かもしれない。字だけに頼り、読みをまるっきり無視するなんて世界広しといえども日本だけだ。中国や韓国・朝鮮でも原則的には漢字一つに読みは一種類しかない。

一方で、パスポートはローマ字のみで漢字がない。知らん顔をして、旅券課に行き、「あの、初めてパスポートを作るんですけど」と言って、「たかの・しゅうこう」で申請する。すると戸籍謄本にしても住民票にしても本物だから何も疑われることはないし、「たかの・しゅうこう」という人物がパスポートを取得したという記録も外務省にはない。どこにもチェック機能が働かないのだ。

実際に私の探検部の先輩にはそれを実行した人がいる。彼は真面目なジャーナリストで、独裁政権の国を取材していたが、政府の怒りに触れて入国禁止になった。それで苗字の読み方を変えてパスポートを申請したら簡単に通ってしまったという。ただし七〇年代の話である。

わりと最近では「ハーレムの玉本さん」の例がある。玉本敏雄(たまもと・としお)さんは三十年以上前、タイのチェンマイで少女を集めて同居生活を行っていたが、「公序良俗を害した」としてタイから永久国外追放処分を受けた。ところが、この玉本さん、その後もこっそりタイに入国していた。苗字の読みを「ギョクモト」と変えて、別の旅券を取得していたのだ。

当時の新聞記事を調べると外務省は「戸籍に振り仮名は記載されないため(旅券の)二重発給は完全には防げない」と正直に認めているが、現在は住民基本台帳(住基ネット)があるから、それと関連づければ防ぐことは可能だろう。「高野秀行」という人間を例にとれば「840212２094」とかいう番号をつけておけば、私が「たかの・ひでゆき」だろうが「こうの・ひでゆき」だろうが、同じ人間として認識されることになる。

行政機関のもつ情報はみだりに他の目的に使用してはいけないのだが、「旅券の二重発給を防ぐために使用するのはかまわない」と各都道府県の条例で認められているようだ。どうも事態は厳しいらしい。もし発覚したら旅券発給拒否処分は間違いない。インドどころか、二度と海外に出られなくなる可能性もある。

「やっぱり無理だよな……」と天井を仰いだ。

にっちもさっちもいかなくなって、だらだらとネットを見ていたら、「下の名前の読み仮名を変えることは簡単にできます」という文が目に飛び込んできた。

え？　下の名前の読みを変える？

どこの誰かはわからないが、そのサイトの主催者は自分の下の名前が嫌になり、「改名」しようとした。ただ漢字は変えない。読み方を変えようとした。すると、「市役所で住民票の読み方を簡単に変えることができました。読み方は役所内部で検索を行うための便宜上のものですから」。

ここでピカッと閃《ひらめ》いた。

そうか！　改名すればいいのだ。本当の名前とちがう読みで新規の申請をしたら「二重申請」となり犯罪だが、ちゃんと「改名しました」と報告し、パスポートのローマ字の名前を変えてもらえばいいのだ。それなら法に触れることはない。我ながら恐ろしいほど頭がいい。究極の秘策だ。だが、この方法が果たして外務省に通じるのか。通じるとして、どのような手続きが必要なのか。

もう夜になっていたので、翌日まで待たねばならなかった。一度寝て朝を迎えると、昨夜の天才的な思いつきも「真夜中のラブレター」なみの馬鹿馬鹿しさに感じられた。しかし他に方策もないから、思い切って東京都の旅券センターに電話で問い合わせたところ、電話に出た女性はテキパキとした口調で「今現在、その名前を通称として生活しているということが証明できれば可能ですよ」と言った。

「え、そうなんですか。どういうものが必要ですか?」

「例えば住民票関係とか公共料金の通知とか、なるべく公の書類がいいですね」

震える手で電話を切った私は叫んだ。

「やったあ! 勝ったあ!」

突然の雄叫びに驚いた飼い犬がウォンウォン吠《ほ》えた。

ついに方策を見つけた。妻と離婚もせず(離婚されず)、法にも触れない方法を。

テンションがめちゃくちゃ上がってしまった私は、早速自分の改名をすることにした。くどいようだが漢字の読みは完全に任意である。私の友人にも「大」と書いて「はじめ」と読ませるやつがいるし、自分の娘の名前で「水凰」と書いて「みほ」と読ませている先輩もいる。要するになんでもいいのだ。

せっかくだから面白い名前にしたい。「たかの・むべんべ」はどうかと一瞬考えた。理論上は不可能ではない。「『秀行』は、今現在、『ムベンベ』と読んでいるんです」と主張し、各種の書類を取得すればよいのである。だが、そうなると親や妻にも「これからはムベンベと呼んでほしい」と頼まねばならない。ただでさえ、家族・親族内に嵐を巻き起こしているのでこれ以上の揉め事は避けたい。常識的な線で「たかの・しゅうこう」と変更することにした。

改名が決まったら、次は既成事実作りだ。一刻も早く「今現在、その名前を通称として生活している」という状態に持っていかねばならない。

真っ先にやったのは、自分のブログに「改名のお知らせ」を出すことだった。正確な内容は憶えていないが、たしか「今日から私は『たかの・しゅうこう』になったので、よろしく」という趣旨だったはずだ。

このブログは大きな反響を呼んだ。

エンタメ・ノンフ文芸部（エンターテインメント・ノンフィクションの書き手が集まり、小説を書こうとしている部）の仲間から早速メールが来た。杉江さんはさすがに察しがよく「いよいよインド行きですか」と核心をずばり突いてきたが、内澤旬子さんは「やっぱり失恋？」とあくまでそっちの方向にこだわる。いちばん笑ったのは宮田珠己さんからのメールで、タイトルが「わたしもシュコ」というものだった。

シュコ？　何が？……と最初は首を捻《ひね》ったのだが、宮田さんの下の名前「珠己」は「シュコ」とも読めるという話なのだった。パスポート記載のローマ字なら、「SHUKO」で私と全く同じ。なんと、タマキングと私は同じ名前になりうるのである。深い。深すぎる。名前の問題は意味がわからないくらい深いのだ。

何人かの編集者からも連絡があった。「これから雑誌掲載のときはタカノ・シュウコウにするんですね」と確認を受けた。「そうです」と答え、うむ、なかなか素早く既成事実が作られているなあとほくそえんでいたうちはよかったが、集英社文庫の担当編集者からは「名前を変えるのは大変なことなんですよ！」と抗議の電話が来た。出版社が取次（問屋）や書店に出す著者名リストはあいうえお順になっている。名前を変えると、それも変更しなければならないというのだ。

なんと、戸籍には名前の読みはなくても、著者名には名前の読みがちゃんとあるのだ。例えば「開高健」は世間では「かいこう・けん」で知られているが、正式には「かいこう・たけし」であり、それに沿って著者名リストが作られているわけだ。

だが、まもなく、それよりもはるかに深刻な問題が押し寄せた。ブログに読者の方々から、「おー、ついにインドに行くんですね」とか「やっぱり名前を変えて入国するんですか」と続々とコメントされてしまったのだ。

ここにいたってようやく自分の大失敗に気づいた。

改名は個人的にこっそりやるべきだったのだ。ブログで公開する必要なんて何ひとつなかった。みんな、私のインド入国禁止問題を知っているのだ。これでは「入国禁止を突破してインドに入ります！」と宣言しているようなものだ。いくら改名自体は違法でないとはいえ、インドの入管と日本の外務省に宣戦布告をしているも同然だ。「失恋？」なんて思ってくれるのは内澤さんくらいである。

何やってるんだろう、俺。

奇跡的な打開策の前に自分を見失っていた。またしてもブログを慌てて削除した。何も言わずただ削除するとかえって変な反応を引き起こしかねないので「削除の理由は察してください」と書いておいた。これで表面的にはなんとか火消しをしたのだが、その後も、「察してくれない」純朴な読者の人たちが「今度、高野さんはシュウコウになったようです」とか「いよいよウモッカ探し、楽しみですね！」などとネットに書いてくれ、頭を抱えたのであった。

・・・

いつもの「暴走」をのっけから繰り広げてしまった私だが、ブログ削除のあとは立ち直って、慎重に、一つ一つ、改名の手続きを進めることにした。だが、こちらも意外な展開の連発だった。

まず住民票の読み方を変えてもらうべく、再び杉並区の区役所に出かけた。たった三日前に離婚届をもらいに行っており、しかもこちらは燃えるような金髪である。同一人物とバレると面倒だと思い、キャップをかぶって髪を隠して突入した。

「実は下の名前はもともとシュウコウと読むのが正しかったもので、本来の読みに戻したいんですが」と用意してきた言い訳を話した。だが、相談した職員の人たちは次々に首を傾《かし》げ、「ちょっとお待ちください」と上司や同僚に相談しに行ってしまう。最後に課長みたいな人が出てきて言うに、「住民票の名前は漢字だけで読み方はありません。読み方を外に出すこともないので、変更のしようがないですね」。

ネットで調べたかぎりでは、少なくとも住民票の読み方の変更を受け付けている自治体はいくつも存在するのだが、どうもそれは個別のサービスで、法的なものではないらしい。

納得しかねたが、向こうがそう言い張れば引き下がるほかない。帰宅して、妻にそう説明すると、「そんなの、おかしいわよ」とバッサリ切り捨てた。「絶対に読み方はある。カタカナの宛名で来る通知があったはず」と言い、猛烈な勢いで自分の書類棚を引《ひ》っ掻《か》き回しはじめた。

すごい。この秘策がダメだとまた離婚・再婚の話が再燃するかもしれない、絶対に阻止しなければ——と決意しているようだ。自分の利害に直結すると、人はこんなにもやる気になるものか。

感心して眺めていたら、彼女は二十分後、二種類の書類を「ほら」と私に突きつけた。

一つは、区の無料検診（区民健康診査）の通知、もう一つが杉並税務署からの確定申告の還付通知だった。他の役所関係の書類はみんな漢字のみなのに、なぜかこの二つの通知だけがカタカナの宛名で来ているのだった。

「おお！」と感銘を受けた。やっぱり区役所の課長（たぶん）の説明は嘘《うそ》だった。嘘でないにしても間違いだった。読み仮名は存在する。おそらく杉並区に引っ越して転入届を出したとき名前のカナを書いたものがそのまま残るのだろう。そして、外にもちゃんと使用されている。特に税金の還付通知は強力だ。なにしろ、納税者という立場ほど、国や政府に対して強いものはない。そこで使用されている名前を認めないとはさすがに外務省も言えないんじゃないか。

だが、しかし。読み仮名付きの書類を確認したはいいが、発行の時期はわるかった。杉並区の場合、今年度から健康診断は「四月〜九月生まれ」と「十月〜三月生まれ」に分けて実施されるという。私の誕生月は十月。十月〜三月生まれの検診期間は十月一日〜一月三十一日。通知は九月末だという。税金の還付にいたっては来年の四月か五月だ（今年はもちろん間に合わない）。今はまだ四月中旬。私としては遅くとも夏にはインドへ行きたいと思っているのに……。

うーんと唸《うな》りながら、とにかく他の「既成事実」を固めることにした。役所以外では、やはり金融機関が「公」に近いものだろう。

まず自宅近くのみずほ銀行の支店に出かけた。区役所ほどではないがそこそこには緊張した。銀行でも最近は「犯罪防止のため本人以外の名義の口座は作れない」としているからである。もし、本人のいろいろな読み仮名の口座が作れたら、セキュリティ上問題とされても不思議ではない。

腰がひけ気味なのを押し隠して、「本来はシュウコウというので、そちらの読みに戻しました。口座名義も変更したいのですが」と告げると、初めこそ若い女子の担当者は戸惑っていたが、すぐに上司に相談し、「はい、大丈夫です」とにっこりした。

本人を証明する書類（私の場合は免許証）を見せ、届出変更書類に名前（漢字と読み仮名）を書くだけだという。

なんて簡単なんだ。これでいいのか、日本の銀行は。防犯対策に穴があるんじゃないかなどと思ったが、これでいいのかは私自身に言うべきことだった。

間が抜けているというのかアホというのか、新しい読み仮名のところに「たかの・しゅうこう」と書くわけだが、どうしても「たかの・ひでゆき」と書いてしまうのだ。四十年の習性は恐ろしい。「たかの」と書くと、次はどうしても手が「ひでゆき」と動いてしまう。まるで夢を見ているようだ。私はときおり、どうしても正しい電話番号がダイヤルできないとか、どうしても正しい電車に乗ることができないという、「焦る夢」を見るが、今の現実がその夢のまんまで、夢の中と同じように嫌な汗を脇の下にかいた。

その度に用紙を破って、新しい用紙をもらってやっと四度目にして「たかの・しゅうこう」と書くことができた。若い女子行員は微笑《ほほえ》みながら見守っているだけだった。

ようやく作成された「タカノ　シュウコウ」名義の通帳を感慨深く見た。これで一つ、新しい名前の「証拠」ができた。かなり元気が出た。この調子でどんどん行こうとうなずいた。

勢いを駆って入った三井住友銀行でも同じように「本来の読み方に戻したい」と言うと、あっさり変更できそうだった。だが、届出に新しい名前（漢字と読み仮名）を書いて提出すると、担当の女性が「たいへん申し訳ないんですが、このお名前では……」と言う。う、みずほより三井住友のほうがセキュリティがしっかりしているのか。

と思ったらちがった。

高野の「高」が免許証では「髙」（いわゆる「はしごの高」）になっているという。そういえば、戸籍ではそっちになっていると数年前に気づいたが、別に差し障りもないからずっとそのままにしていた。実際、今までは三井住友の口座もふつうの「高」だ。

ところが三井住友の人は「最近は本人確認の基準が厳しくなっておりまして、できることなら戸籍と同じ字を使っていただきたいのです」と譲らない。

どうしてそんなことにこだわるのだろう。読みはこんなに簡単に変えられ、ほとんど別人になれるのに。基準を厳しくしているのは銀行か政府か知らないが、頭がわるすぎる。

イラッときて、「ずっとこっちの（ふつうの）高を使ってきたんですよ。どうして今さらこっちの（はしごの）高を使わなきゃいけないんですか。おかしいですよ」と反論してしまった。

「でも戸籍ではそうなってますから」

「もう四十数年使ってなじんでいるものをなぜ今さら変えるんです？」

「でも戸籍上、そうなっているということは本来、こっちが正しかったということで……」と押し問答。

あれ、と思った。ついさっきまで私のほうが「実は『シュウコウ』が本来正しい名前だったので、そちらに戻したい」と自分で言っていたのに、今は行員の「本来正しい名前」を躍起になって否定している。

〝本来の名前〟とはいったい何だろう。

根源的な疑問が胸をかすめたが、議論はつづいている。

「もしどうしても変えたくないと言ったらどうなります？」意地を張って訊くと、女子行員は「融資を受けられなくなります」と真剣な顔で答えた。

融資！　私にとってはお墓と同じくらい遠い概念だ。そんなもん、どうだっていい。

ていうか、どうしてインド入国で頑張っていたら融資に直面するんだ。

「融資は受ける予定はないから、いいですよ」と言うと、「あ、そうですか」とようやく話は終わった。

こうして「証拠」の二つ目をゲットした。

次は同じ銀行でも一段ハードルを上げる。

シティバンクへ行くのだ。

・・・

シティバンクは高飛車な銀行だ。

なんといっても「口座維持手数料」なるものが気に食わない。預金が五十万円以上ないと毎月三千円（当時）を口座維持手数料として徴収するというとんでもないシステムなのだ。欧米の銀行では一般的らしいが日本では稀《まれ》である。

私がシティに口座を持っているのは海外送金のためだ。取材に協力してくれた人への経費や謝礼、あるいは向こうで知り合った人への援助、あるいは自分が関わっている環境ＮＧＯのプロジェクト資金の送金などである。欧米向けなら日本の銀行からでもいいのだが、アフリカのルワンダやタイ、インドの地方都市への送金となると、日本ではシティバンクしか扱っていない。独占状態だからいくら嫌でもシティを使うしかないのだ。

だが、逆にいえば、シティほど「世界性」が強い銀行もない。当たり前だが、海外に送金する場合、漢字は関係がない。ローマ字表記すなわち名前の読み仮名がひたすら重要になる。日本の銀行はいくら規模が大きくても、「地銀」でしかない。みずほも三井住友も「地銀」だ。国内だけで通用するルールでやっている。「高」と「髙」の論争がいい例だ。

ローマ字が変われば名前が変わるというのが世界基準なのだ。それに海外送金はマネーロンダリングなどの国際犯罪に直結するから国内送金とは比較にならない重みがある。だからシティで名前が変えられるかどうかは、パスポートの名義変更に向けた試金石となる。シティで変えられたら、世界的な生活で通用する名前と主張しても差し支えない。少なくとも私はそう思ったのだ。

新宿の紀伊國屋本店隣にあるシティ新宿支店に行き、みずほや三井住友と同じように説明をしたうえで、みずほと三井住友の新しい通帳を見せた。

「ほら、もう他行ではこのように変えてもらってます」

名づけて「わらしべ作戦」。ハードルの低いところから徐々に既成事実を積み上げていくわけだ。特に同業者にはこれが強く作用する。シティといえども現場スタッフは全員日本人である。案の定、担当者はこの通帳を見るとあからさまにホッとした顔をして、

「そうですか。免許証か何か、証明書をお持ちですか?」と言った。

「やった!」とこの瞬間、心の中でガッツポーズである。免許証や保険証に頼るかぎり、読み仮名の問題は出てこない。

手続きを待っていたら、クレジットカード営業担当の女性がやってきた。シティではよく待っている人に新しいクレジットカードを作れとか保険に入れとか営業に来る。いつもはもちろん断るのだが、この日は「お、それもいいか」と思った。「タカノ・シュウコウ」名義のカードを作るのだ。既成事実は多ければ多いほうがいい。

担当の女性によれば、シティのゴールドカードとダイナースカードが「たいへんお得になっている」そうだ。ともにステイタスシンボルを兼ねたカードであり、お墓や融資と同じくらい遠い存在だったのに、今それに申し込みをしようとしている。名前の変更なんてひたすら書類上の問題だから抽象の極致のような気がしていたが、それは思い違いで、実は現世のいちばん生々しい部分と直結しているのである。

またしても読み仮名に「たかの・ひでゆき」と何度も書くという失態を演じたが、なんとか申し込みをすることはできた。

申し込みが終わった。「審査のあと、通知が来ます」とのことだった。それが終わるのを待っていたように(実際待っていたのだろう)、口座変更届けの担当者から声がかかった。行ってみると、「すみません、シュウコウ様名義のパスポートはありませんか?」と言う。

「え? まだ作ってませんが」

「申し訳ありません、読み仮名を変えるということはローマ字での名前を変えることになりますので、パスポートをご提示いただかないといけないということなんです……」

上司に言われたのだろう。さすが、シティ、日本の「地銀」が無視したポイントを押えている。

「他の銀行では問題なくやってもらってますけど」

「うちではダメなんです」

うーん、外資のシティには「他ではできましたよ」という日本式横並び攻撃が通用しない。

ちくしょう! やっぱりシティは高飛車だ。正当性のない口座維持手数料なんて作って、おかげでこっちはいつも預金が五十万円を割らないようにキープするはめになっている。もちろん、それをシティが運用して大金を稼いでいるのだ。なのに、なんだ、その言い草は。

その場で口座を閉鎖しようかと思ったが、そんなことをすると海外送金ができなくなってしまう。それに心の奥底では「やっと俺の言いたいことをわかってくれる人間がいた」と、ほんの少し、シティを評価してもいた。実際のところ、「日本の名前のシステムはおかしい」と主張しても多くの人が「なんで？」とさっぱり理解してくれないからだ。

ともあれシティに負けて一歩後退してしまった。

さらに一週間後、シティのゴールドカードも却下された。クレジットカードの常で、却下の理由は何も記されていない。名前の問題なのか、年収や職業の問題なのか。

いっぽう、シティよりお高いはずのダイナースカードはあっさり届いた。世界地図をデザインしたカードの下にちゃんと「SHUKO TAKANO」と明記されている。

私もシュコ……じゃなくてシュウコウだ。

シティにはやられたが、ダイナースには勝った。トータルで一勝一敗と考えることにした。さらに前から持っていたＡＮＡのＶＩＳＡカードの名義も無事に変更することができた。

海外ではパスポートが唯一無二の身分証とされるが、私は昔アメリカに入国しようとしたとき、なぜかイミグレの係官にパスポートを偽造だと疑われ、「他に何か身分を証明するものはないか？　クレジットカードは？」と訊かれた。当時私はカードを持っていなかったので、別室で二時間も取り調べを受けるはめになった。

ひじょうにレアなケースだが、そういうこともありうる。つまりクレジットカードはパスポートに次ぐ身分証の役割を果たす場合がある。それがちゃんと「しゅうこう」になったというのは、大きな前進だ。

もう一つの前進は、東京電力の領収書だ。公共料金はガス、水道、電気のうち、水道局と東京ガスは漢字の名前で、東京電力だけがカタカナを使用している。東京電力に電話をして読み仮名を変更してもらった。こちらはすぐにやってもらえた。

「タカノシュウコウ」という人間が電気を使っている。その電気代を払っている。テレビを見たり、掃除機をかけたり、パソコンでメールを打ったりしているじゃないか。

ほら、なんだか実在感が出てくるじゃないか。

……そう、自分に言い聞かせたのだった。

・・・

「決戦」は五月最初の月曜日だった。

いよいよパスポートの申請だ。場所はいつも通り、東京都庁の旅券課にした。

「証拠」というか「既成事実」を現物とコピーの両方、用意する。銀行の通帳、クレジットカード、そして東京電力の四月分の領収書。

――それにしても……。

旅券課の前であらためて「証拠」を確認しながら思った。

こんなもんで勝負できるんだろうか。

住民票関係の書類もないし、税金の還付通知も区の健康診断の通知もない。シティバンクの口座名義も変更できなかった。

トランプでいえば「8」とか「9」とか微妙な強さのカードばかりで、エースやジョーカーはもちろん、絵札すらない状況だ。一時は「もう一年待って書類をもっと揃《そろ》えようか」とも思ったのだが、とても我慢できなかった。自宅の鏡でまじまじと自分の金髪を見て、「不退転」を確認した。そして意を決して都庁にやってきたのだ。

受付で用件を告げると、すぐにいちばん奥のテーブルに送られた。五十歳くらいの男性職員がカウンターにいた。役所勤めより駅前商店街で洋品店をやっているおじさんのような、さばけた雰囲気である。この人ならいけそうだと少し気を強くして、「下の名前を変えたので、パスポート上の名前も変えたいんです」と言った。

「どうして変えたいんです?」おじさんは気さくな感じで訊く。こういう質問は予期していたので「もともとは『シュウコウ』で、周囲もそう呼ぶ人が多いんです。住民票にはヒデユキで登録されていて、パスポートもそっちの名前をそのまま使っていたんですが、読み方が二つあるのは混乱するのでこの際、シュウコウに統一することにしたということで……」

用意してきたわりには歯切れは悪い。だいたい喋《しゃべ》っていて、自分でもさっぱり説得力を感じない。おじさんはしばし「うーん」と考えていた。「下の名前の読み仮名を変えたい」なんて、あまりにも突飛な依頼だ。外務省旅券課や都庁の旅券課のホームページにもそんな事例はまったく記載されていない。いったいどうしたらいいのか困っているのだろう。

と思っていたら、おじさんはふと顔をあげてこう言った。

「あのですね、今、パスポートの名前を変更するのは大変難しいんです」

「え……?」

「最近、外国で国外退去になって、そのまま入国禁止処分を受けた人が、なんとかその国にもう一回入りたくてパスポートを変えようとするという例がひじょうに増えているんです。いえ、あなたがね、そうだというんじゃないですよ、あくまでそういう例が多いという話です。さっきも一人、おじいさんが同じことをおっしゃっていたんですけどね……」

えええええ!!!

てっきり私だけが編み出した「秘策」だと思っていたら、実はすごくポピュラーな方法だったのか。

「まあ、だからといって変更できないわけじゃないですから、とりあえず、ここに理由を書いてください。どうして名前を変えたいのか。なんでもいいから書いてください」

おじさんは元気づけるようにそう言って「名前変更の理由」と題された用紙をくれた。私は用紙記入用のテーブルに移り、考え込んだ。

ひじょうに厳しいのか。とても「もともとシュウコウなんです」程度では通りそうにない。もっと強い理由を提示しなければいけない。

「俺が小説家だったらなあ」と思った。小説家ならいろいろなアイデアを思いつくだろう。だが、残念ながら私はノンフィクション作家。嘘をつくのは苦手だ。でもそんなことを言っている場合ではない。さんざん考えたあげく、こんな理由を列挙した。

1　本来、「秀行」は父が囲碁の名人・藤沢秀行（しゅうこう）にあやかってつけた名前だが、「シュウコウなんて坊さんみたい」と親戚から反対され、「ヒデユキ」の読みに落ち着いた。だが、家族も親しい友だちも「シュウコウ」とか「シュウちゃん」と呼ぶ人が多い。

2　外国人にとって「ヒデユキ」はひじょうに発音しづらい。航空会社でもホテルでもよく間違えて記録されている。

3　仕事でよくタイに行くが、タイ語では「ヒデユキ」は猥褻《わいせつ》な意味になるので、しばしば不都合かつ不愉快なことに遭遇する。

4　以前、ブラジルの「ヌメロジア」という名前占いの占い師に「その名前はよくない。

四十代前半に命に影響のある病気になるから名前を変えたほうがいい」と言われた。今、実際に原因不明の体調不良がつづき、その占いが気になってしかたない。

ノンフィクション作家なのに、嘘のオンパレードになってしまった。

ともかく、以上の四つの「理由」を申請書の欄に記入しようとしたが、欄が小さすぎて（私の「理由」が多すぎて）、なかなか書き切れなかった。おじさんに頼んで二回、紙をもらい直さねばならなかった。

三回目にやっと欄内にすべての理由を書き込むことができた。あらためて見ると、理由の数は増えたものの、トランプでいうと「3」とか「4」とか、屑《くず》カードばっかり集めたような気もする。だが弱気になっているだけかもしれない。堂々としなければと強く自分に言い聞かせた。

さあ、これでどうだとばかり、おじさんに見せた。

おじさんは「わあ、えらくいっぱい書いたねえ」と驚きの声をあげた。細密画のように細かい字をおじさんは老眼鏡をかけて苦労して読んでいた。眉間にシワを寄せているのは、字が読みにくいからか、それとも内容に問題があるのか。

「うん、まあ、大丈夫でしょう」老眼鏡をはずしながら、おじさんが言った。おお、これで行けそうということか。苦労してひねり出した甲斐はあった。小説家でも行けるかもしれない。

喜びかけたところで、おじさんが言った。

「あなたは国外退去の経験はないですよね？」

「え、……あ、ないです」ドキッとしつつ、咄嗟《とっさ》に否定した。

「あの、隠してもすぐバレますからね。外務省にはその人の過去のデータがちゃんとインプットされていて、名義変更審査のときにちゃんと照合するんですよ……」

頭が一瞬、真っ白になった。そうか、私が二回も国外退去になったということは間違いなく外務省の記録に残っている。それを照合された日には藤沢秀行もブラジルの占い師も吹っ飛んでしまう。というより、「こいつ、バカか」という話だ。

………。

脳がフリーズしてしまった。「俺の夏が終わった」という、高校球児みたいなセリフが意味もなく浮かんでは消えた。

結局この日、ここの旅券課で申請書を受け付けてもらえなかった。住民票での読みが「たかの・ひでゆき」になっているというのだ。それが新しい名前に変更されないかぎり、受け付けることができないとのことだった。

「まずは区役所にもう一度行って、ちゃんと読み仮名の変更をしてもらうことですね。

それからね、面倒だけどまた来てください。私たちもなんとかあなたの希望が通るように努力するからね」と、おじさんは言った。

「すみません、いろいろお手数をおかけしました。

「いやいや、これ、私の仕事だから。遠慮しないでどんどん希望を言ってね」

私は御礼を言って、都庁をあとにした。

自宅に帰って、あらためてよく考えたが、外務省の審査を通過する可能性はひじょうに低く、それどころか脱法行為として問題視される恐れもある。そして旅券課のおじさんの顔も頭から消えなかった。役人とは思えないほど、親切丁寧でしかも気さくな人だった。正直言って役所関係でこんなに親身になってもらったのは日本でも外国でもめったにない。官僚や役人は最近バッシングの対象になっているが、ああいう、都民のために尽くそうと思っている人もちゃんといるのだ。そういう人に大嘘をついていいのだろうか。いくら科学史の大発見のためとはいえ……。

結局、私はそのおじさんに宛てて長い手紙を書いた。

私が今回、名前を変えようとした経緯、つまりこの手記に書いたようなことをかいつまんで記し、最後にこう付け足した。

「ひじょうに残念ですが、この無謀な試みはやめることにしました。インドにはもっと別の、合法的な方法で入国したいと思います。せっかく親身になっていただいたのに、裏切るような形となり、お詫《わ》びの言葉もありません。昨日私がお渡しした『名前変更の理由』については破棄いただきますよう、お願いいたします。

御礼もしくはお詫びと申しては何ですが、拙著を一部送らせていただきます。ご笑覧いただければ幸いです。

では今後も迷える旅行者たちをお導きください。重ねて深く御礼申し上げます。」

この手紙に、インド入国に失敗したという話だけで一冊になっている『怪魚ウモッカ格闘記』（集英社文庫）を同封してお送りした。あとから思えば、そんな本をもらっても困るだけだろうし、とことん私は迷惑な奴だ。

こうして、私の長い一カ月の戦いは幕を下ろした。

諦めた直後は「やれることは全てやった」という満足感にも浸ったが、世の中はそう甘くなかった。

名前変更の余波だ。

銀行口座の名義はみずほと三井住友は「シュウコウ」になっている。出版社やラジオ局など、仕事の取引先からは「名義が変更になっていて振り込みができないんですが」という問い合わせが来る。どこに名前変更を伝えたのかちゃんと記録していないので、わけがわからなくなっているのだ。

私は他にも口座をもっている。すでに書いたようにシティバンクは「ヒデユキ」のままだし、ゆうちょ銀行にも口座があり、こちらも変更していない。

東京ガスは「ヒデユキ」で、東京電力は「シュウコウ」、クレジットカードもダイナ ースとANAカードは「SHUKO」で、ニコスカードは「HIDEYUKI」、そのほかANAのマイレージクラブは「シュウコウ」で、JALは「ヒデユキ」、レンタルのTSUTAYAは「ヒデユキ」だが、amazon.comではシュウコウ……とあらゆる分野でヒデユキとシュウコウがまだらに入りまじって自分でもわけがわからない。

業者への注文や問い合わせのとき、電話や店頭でフルネームを訊かれ「たかのひでゆきです」と答えると、係の人が「そういうお名前では登録いただいてないのですが……」などと困惑することもしばしばだ。皮肉なことに、すったもんだのおかげで、「シュウコウ」もだいぶ違和感が消えて「自分の名前」みたいな気がしてきて、なおさらややこしい。さらに、ブログで間違って「シュウコウ」を発表してしまったため、気を利かせてくれた編集者が雑誌の記事のところに「タカノ・シュウコウ」とルビを振ってくれたのが今頃発売になる。

俺の名前はどっちなんだ！　と叫びたくなる。

混乱収拾のため、できれば早いこと、長年使用して愛着のある「ヒデユキ」に戻したいのだが、その手続きや取引先への通知など膨大な手間を考えると気力が萎える。特に銀行が面倒だ。きっとまた「高野の高ははしごのにしてくれ」と言われるに決まっている。

被害をこうむっていたのは私だけでない。妻もだ。

まだ私が「離婚・再婚作戦」を進めていた頃、彼女は友だちに「あたし、今度苗字が旧姓に戻るんだよ」と言っていたらしい。あとで作戦は中止になったが、彼女も苗字変更の話を誰にしたのか、そして作戦中止のことを誰に話したのかさっぱり憶えていなかった。

私が全作戦を放棄したあと彼女が友だちの結婚式に招かれて行ったら、テーブルの名札も引き出物の名札も「高橋」になっていたという。友だちが気を利かせてくれたのだ。

「おかげで隣の人に高橋さんって呼ばれてさ、でも他の友だちはあたしのこと高野だと思ってるから変な顔してるし、赤っ恥かいたよ」

「へえ、そりゃ災難だったな」ときとうに聞き流して引き出物のマドレーヌをばくばく食っていたら、彼女は怒り出した。

「あんたのせいだよ、こんなことになったのは……」

いかん、また雲行きが怪しくなってきた。

そして思い出したのである。名前変更作戦が残した最大の負の遺産を。

証人の署名入り離婚届だ。

あれはいまだに妻の机の引き出しのどこかに保存されている。書類には日付が入れられていないから当分の間有効だろう。もしかしたら今後ずっと使える可能性もある。このまま核兵器に脅えながら暮らすのはなんともいやあな感じがする。

あれをなんとか妻の手から取り戻す方法はないものか。もちろん彼女の気分を害さずに。

そのためには土下座でもなんでもしようと思うのだった。

謎のペルシア商人——アジア・アフリカ奇譚集

謎のペルシア商人

男はペルシア人だった。今は「イラン人」というべきなのだろうが、「ペルシア人」と呼んだほうがしっくりする。一つには、彼がペルシア絨毯《じゅうたん》商人だったからだが、もう一つには彼がひじょうに謎めいていたからだ。同じ謎めいていても、「謎のイラン人」というと、イスラム過激派とか軍事スパイとか、どうもそういうキナ臭いほうになる。彼の場合、政治や宗教とは関係がない。じゃあ、何と関係があるかというと、本人曰《いわ》く、「三越と関係がある」という。三越といえば、「ペルシア秘宝展」の偽物事件があり、まあそれはともかく、もっと古典的に正体が不明なのでやはり「ペルシア人」としたい。

男と会ったのはインドのボンベイ（現・ムンバイ）である。今でもはっきりと憶えているが、猛烈に暑い日だった。私は三カ月に及ぶアフリカでのバイト兼怪獣探査を終えたばかりであった。すぐにでも日本に帰りたかったが、ナイロビから乗り込んだインド航空の乗り継ぎがわるく、どうしてもボンベイで二泊しなければならなかった。

へとへとに疲れていたし、インドといえば、前回身ぐるみはがされた苦い思い出がまだ鮮明だったのでインド人の顔を見るのも億劫《おっくう》だった。安宿の狭い部屋にこもって三日間を過ごそうと思っていたのだが、あろうことか真っ昼間の午後一時に停電。かろうじて暑さを和らげていた天井の扇風機が止まり、部屋はサウナ状態になった。たまらず宿から外へ転がり出た。

外も当然ものすごい暑さだった。この猛暑の中で、焼けついたアスファルトの上を、ゾウ一頭分くらいの巨大な荷物を積んだ大八車を腰巻一つで引っ張っている労働者がいる。本来は牛がすべき仕事ではないかと思うが、こんな暑さでは牛も動けないのかもしれない。というか、トラックだろう、ふつう。彼らのパワーにはただただ驚くばかりだ。

宿の付近はいっせいに停電しているようだったので、電気を求めて私はさまよったあげく、ようやく電気がふつうに通っているストリートにたどりついた。

一軒のフレッシュジュース屋に入り、インドのヨーグルトドリンク「ラッシー」を頼んだ。天井の巨大な扇風機が回る下、氷の入ったラッシーは感激するくらい旨《うま》かった。半分オープンの店からは活気ある街角が眺められ、部屋にこもっているよりはるかに快適で面白い。

と思っていたら前のテーブルに座っていた男が体をねじまげて私のほうを振り向き、「ハロー。君は日本人か？」と言う。イエスと答えると、いきなり「今、日本円は一ドルいくらだ？　百二十五円くらいか」と訊《き》いてきた。

はじまったよ——。私はうんざりした。インド世界の法則では向こうから声をかけてくるのは十人中九人が「悪人」である。いや、悪人というのは正確ではなく、彼らも生活が苦しくて、金を持っている日本人をなんとか騙《だま》くらかして日銭を稼ぎたいと懸命なのだが、そこまで相手側を斟酌《しんしやく》してやる必要がこちらにあるのかという問題もあり、やっぱりこっちから見れば「悪人」ということになる。

彼は頭に白い帽子をかぶっており、襟のついたゆったりしたシャツを着ていた。色は白く、彫りの深い顔立ちをしていた。瞳は青。年齢はよくわからないが、頬から顎につながる髯《ひげ》の半分くらいが白いところを見るとけっこう年配のようだ。

雰囲気や顔つきが一般的なインド人とちがう。英語もねとつくようなインド訛《なま》りではない。しかし、インド人じゃないから安心できるとはかぎらない。前回、私から金・パスポート・航空券・日記——と一切合財盗んでいったやつは自称マレーシア人で、英語もインド訛りではなかった。

「ぼくは三カ月前に日本を出たきりで、ずっと外国にいる。日本円がどうなっているのかなんて知らない。こっちのほうが教えてもらいたいくらいだ」

そっけなく突っぱねた。

だが、彼は私の無愛想など意に介す様子もなく、話をつづける。稀《まれ》にいる（十人中一人）下心のない一般インド人なら、突き放した時点で諦めるはずだが、それでも平気なのが悪意の人々である。

「私はイラン人だ」とその男は言った。「テヘランに住んでいるが、ここにはペルシア絨毯の買い付けに来ている」

どうして、イラン人がインドにペルシア絨毯を買い付けに来るのか。

私が好奇心をひかれたのを見越したように彼が説明する。

「イランでも最近は人件費が高いんだよ。それに比べて、――見なさい、この国を。こんな暑い中で重労働して、彼らがいったいいくらもらえると思う？　一日二ドルか三ドルだぞ。イランの絨毯屋は最近、インド人に絨毯を作らせているんだよ。もちろん、多少質は落ちるが、インドも手工芸の伝統がある国だ。しっかり教えればけっこういいものを作る。少なくとも、日本人が見分けられない程度にはね」

そこまで話して彼はいたずらっぽく笑った。

「日本人？」私はつい訊き返した。

「そう、日本人だよ」彼はまたにこりとする。

「私は商人だ。インドで絨毯を織らせているのはインドの会社だ。私はそこで絨毯を買い付け、それを持っていって日本に売ってるんだ」

ほんとうかよ、と私は思ったが、彼はお構いなく話をつづける。

「実はね、日本でペルシア絨毯を広めたのは私なんだよ」

「え？」

「もちろん、昔からペルシア絨毯は日本に入っていた。大昔からね。シルクロードを通って。日本には今でもナラにペルシアの古いものが保存されているだろう。絨毯だって来ていたさ。

だが、ずっとペルシア絨毯は大変な高級品で、一部の貴族や特権階級しか買えないものだった。一般の日本人はペルシア絨毯がどんなものかも知らなかったはずだ。そういうペルシア絨毯のイメージを変えて、日本人に広めたのはミツコシ・デパートメントだ。君はそれを知ってるかな？」

「いや、知らない」私は答えた。

「そうだろう。君の年では知らないだろう」ペルシア商人は満足気に言った。

「ミツコシのオカダ社長がしかけたんだよ。ペルシアの文化財を持っていって、大きな展示会を開いたりもした。そのとき、ミツコシに絨毯を卸したのが私なんだ」

なんだか、凄《すご》い話になっている。私はいまだ半分眉につばをつけていたが、逆にいえば、半分は聞き入っていた。外国で日本人を騙す連中は多いが、これほど日本の情報について、細部を詳しく語る人間には会ったことがなかった。

そこで彼はふと思いついたように言った。

「君は時間があるか？　ここは暑いし、私は久しぶりに日本人に会えて嬉《うれ》しい。よかったら、インターコンチネンタルのカフェで話のつづきをしないか。もちろん、私が招待するから」

私は同意した。実際気温はどんどん上がっていた。このペルシア商人の話がとても面白かったこともある。悪意や下心がある人間でも、話が面白ければ聞いてしまうところが私にはある。途中で場所を変えるというのは詐欺師の常套《じょうとう》手段でもあるが、彼のホテルだとか友だちのところならともかく、インターコンチのカフェなら何かに巻き込まれることもなかろう。しかも、カフェはこのジュース屋から見える場所である。

「暑いから、インターコンチしか行かないよ」と私は念を押して、二人で外へ出た。

「私はボンベイにも家を借りて住んでいるんだ」との言葉どおり、彼の足取りは現地人そのままだった。私はそのとき彼が突然、「あ、そういえば、インターコンチよりもっといい場所がある！」などと言い出すのではないか、と警戒していたが、そんなこともなく、すんなりとインターコンチに入ってしまった。こんな高級なホテルに足を踏み入れたことはめったにない。私は自分のずだぼろな格好が気になった。なにしろ、ゴムゾウリである。

ペルシア商人は、ジュース屋にいたときはがしゃがしゃした街角で店をやっている小商人《こあきんど》風だったが、ここで見ると立派な中東系国際ビジネスマンに見える。その変幻自在ぶりが不思議だった。

慣れた調子でカフェのボーイに窓際の席を用意させるときなど貫禄十分で、この時点で私はほぼ彼のペースに乗っていた。怪しい現地人を鼻先であしらっているモードから、旅先で出会った年長の裕福な外国人に世話になるというモードに一気に移行してしまった。

彼はダージリンティーを、私はコーヒーを頼んだ。豆をひいた本物のコーヒーを飲んだのも久しぶりだったが、それよりもカップをソーサーに戻すときのカチッという乾いた音がなんとも新鮮だった。陶器が触れ合う音を聞くことなどここ三カ月なかったし、たとえ同じカップとソーサーがあったとしても、そんな音が響く環境ではなかった。

エアコンの効いた静かで広々とした別世界で彼の話は再開された。先ほどジュース屋で聞いていたときには「日本で最初にペルシア絨毯を広めた」なんて話はさっぱりリアリティがなかったのに、白を基調にした高級感あふれるカフェテリアで聞くと、格段に現実味を増して迫ってきた。

「君はヒロユキ・イツキという作家を知ってるだろう」

ティーをすすり、カップを受け皿に戻すと、彼は出し抜けに言った。

五木寛之は一度も読んだことはないが、もちろん名前は知っている。

「日本ではミツコシは用意周到でね、イツキに小説を書かせたんだよ、ペルシア絨毯を題材にした小説を」

驚き顔の私をよそに彼は話を進める。

「イツキはイランに取材に来たよ。そのとき、彼は私の家に泊まっていたんだよ。いろんなところへ案内もした。面白い人物だったな。いつでも紙とペンを持ち歩いていてね、何か思いつくとすぐその場でメモをとるんだ。私の家でも、他人のオフィスでも、ひょいっとデスクやテーブルに腰掛けて、ささっと書く。イラン人はテーブルに座ったりはしないし、日本でもそんな人を見たことがなかったから、最初は何だろうと思ったけどね」

五木寛之の小説は読んだことはないが、海外ものを多く手がけていることは漠然と知っていた。イランに行って、ペルシア絨毯にまつわるストーリーを書くというのは、私の中にあるぼんやりとした五木寛之のイメージにぴったりきた。

「へえ、すごいですねえ」私は口調もあらたまり、しきりに感心していた。

ペルシアの男はその後も次から次へと日本と絨毯にまつわる話を繰り出した。それがことごとく凄《すさ》まじい。

日本には年に一回のペースで通っている。泊まるのはホテルニューオータニ。一カ月宿泊して、食事もその中にあるレストランでとっていたら、チェックアウトするときには一千万円になってしまったこともある。もっとも、そのときはその三倍以上も儲《もう》けたから別に問題なかった。

テヘランには事務所があるが、それは自宅兼用。会社はもっていない。会社を作って人を雇ったりするとかえって面倒である。税金もかかる。

「ほら、このように私はかばんも持ち歩かない。何もないほうがいいんだ。誰かに狙われることもないし、怪しまれることもない。日本だけでなく、外国に行くときにはすべてお金は金《ゴールド》に換える。胸のポケットにすっと入れておく。これなら、税関で引っかかることもない。ゴールドは世界のどこでもキャッシュに換えることができる。稼いだキャッシュもゴールドに換えることができる。会社なんて作るのはバカのやることだ。私は今はギンザにあるハナエ・モリに絨毯を卸しているが、一度に一つか二つしか卸さない。三つ以上持っていくと商売とみなされるんだ。商売とみなされたら税金がかかるだろう? 二つ以内なら個人のおみやげで通る。その一つか二つは高級品だよ、もちろん。それだけでも十分利益が出るんだ」

私はホテルニューオータニが一泊いくらするのか見当もつかなかったし、ペルシア絨毯が一枚いくらするのかもわからなかった。森英恵の名前は知っていたが、その人が東京に自分の店を持っているのかどうかも知らなかった。もっと言えば、「ギンザ」という場所に、生まれてから二回くらいしか行ったことがなく、イメージとしては「秘境」に近かった。

ペルシア人の話はさながら「アラビアン・ナイト」のシンドバッドの冒険のようだった。

私の口からは「ほんとうですか⁉」「信じられない！」という二つの単語しか出てこなかった。

彼は話に興が乗ってきても、態度はさほど変わらなかった。基本的に真面目な、思索的な表情で、ときおりにこやかな笑みを浮かべるという具合だ。話しぶりには躊躇《ちゅうちょ》がなく、だが、一方的に喋《しゃべ》っているという印象も与えない。

しかし、どうして彼は私にこんな話をするのかという疑問がだんだん強くなってきた。成功したビジネスマンがわざわざ小汚い日本の若い旅行者をつかまえて、自分の商売の秘密みたいな話をどうしてするのか。

彼の話が一段落したとき、それを率直に訊《たず》ねてみた。疑いをもってではなく、純粋に、迷える子羊のように訊いた。すると、彼はにこやかに答えた。

「それは君が私の話を理解するに十分な英語を話すとわかったからだよ。私は日本の若い人と話をするのが好きだが、残念ながらあまり英語を話す人がいない」

私は苦笑してかぶりを振った。

「そんなことはないです。正直言って、ぼくはネイティヴの英語がわからないんです。アメリカ人やイギリス人やオーストラリア人の言ってることはさっぱりわからない。もうどうしようもないんですよ」

それはほんとうだった。私はアフリカで言葉にはさんざん悩まされてきた。フランス語圏の滞在が多く、フランス語がわからなくて困るのはまあしかたないとしても、英語もさっぱりわからない。英語圏の旅行者にも出会ったし、現地で仕事をしているイギリス人やアメリカ人に世話になることもあったが、情報を仕入れることもままならなかったのだ。英語コンプレックスは私の中で年を重ねるごとに深くなっている。

すると、ペルシア商人は毅然《きぜん》とした口調で「それは間違っている」と言った。

「君の考えは間違っているよ。君は英語を十分に喋れる。だって、見なさい、私たちはもう一時間以上もずっとお喋りをしている。それで百パーセント完璧に通じているじゃないか」

「それはあなたがネイティヴじゃないからですよ」私は抗弁した。

「ネイティヴ？　そんなものに何か意味があるのかね？　なぜ私たちが英語で話をするのか。不思議に思ったことはないかね？　私たちはともにアジアの人間だ。アジア人同士がどうしてヨーロッパの言葉で話さなければならない？」

「…………」

「それはね、英語が国際言語だからだ。イラン人には日本語がわからない。日本人にはペルシア語がわからない。だから、私たちは英語を使う。それは日本人とイラン人だけじゃない。インド人とイラン人でもそうだし、日本人とドイツ人だってそうだろう。聞くところでは日本語と中国語はだいぶちがうから、やっぱりビジネスをするときは英語を使うそうじゃないか。

これでわかるだろう。英語は国際言語なんだ。世界の人が意思を通じさせるための言葉だ。でも君はアメリカ人やイギリス人の言うことがわからないという。それは君のせいじゃなくて、彼らのせいだ。彼らの喋っている言葉は方言なんだよ。アメリカ人の英語はアメリカ方言で、イギリス人の英語はイギリス方言。それは世界標準ではない。私たちが今話している英語こそ、世界の誰でも理解できる世界標準の英語なんだ。アメリカ人やイギリス人が私たちを見習う必要はあるが、その逆はない」

私は尾骶骨《びていこつ》から突き抜けるような感動をおぼえた。

こんな考え方は聞いたことがない。しかもなんという説得力だろう。反論の余地がない。私が今話している相手は紛れもない「賢者」だと思った。大学で勉強したとか、寺で修行したとか、そういうのではない。人生を積み重ねて高みにたどりついた賢者だ。

私が感動にひたっているのを彼は余裕の表情で見ていた。

「君はまだ若い。これからいろいろ学んでいくだろう。今度テヘランにある私の家に遊びに来なさい。私もあと二カ月ほどしたら日本に行くからそのときに会おう。そうだ、そのときには君に絨毯を一つ持っていってあげよう。日本で買えば五十万円ほどするやつだ」

「え、ほんとですか？」私は興奮して言った。

「ほんとうだよ。私はウソは嫌いだ。できもしないことを言うのも嫌いだ」

私は感動と興奮に包まれながら、彼に言われるまま、東京の住所と電話番号を紙に記した。彼も私の手帳に自分の住所と電話番号・ＦＡＸ番号を記した。

彼は手を挙げてウェイターを呼び、勘定をうながした。ウェイターが持ってきた勘定書きを一瞥《いちべつ》すると胸ポケットから紙幣を何枚か取り出して、勘定書きの上に乗せた。

「さあ、行こうか」彼の合図で私たちはカフェを後にし、外に出ると、それまで窓越しに見えていたテレビの海外ニュースのようなインドの映像が突然現実のものとして迫ってきた。打ちのめすような太陽、行き交うサリー姿の女性、むっとするようなお香の匂い――。

「じゃ、また」と言って彼は私の手を握り、くるりと背を向けると去っていった。

私は神々しいものを見るようにその後ろ姿を見送った。


日本に帰ってしばらく、頭からそのペルシア商人のことが離れなかった。アフリカの後始末が大変だったが、その合間を見てはテヘランの彼の住所に手紙を書いた。イランへ行ったことのある探検部の後輩に、「こんな人に会ったんだ。知らないか？」と訊いたりもした。もちろん、知るわけもなかったが。

私は帰国後まもなく八王子の実家を離れ、大学付近のアパートに移ったが、そのときもペルシア商人のことが何よりも気がかりだった。親には「イランの人から手紙や電話が来ると思う。それは大事な人だから心しておくように」と念を押し、手紙があったらきちんと保存、電話があったらちゃんと向こうの連絡先を訊くように言った。

なにしろ賢者であり、なにしろ五十万円のペルシア絨毯を持ってきてくれるのだ。

しかし。それから二カ月たっても、半年過ぎても、何もない。電話はむろん、手紙の返事もない。一度テヘランの自宅に電話したが、英語がまったくわからない女の人が出た。彼の名前を出したが、「ノー、ノー」というだけなので諦めた。

絨毯をもらえるというところは注意深く避けつつ、何人かの人に彼の話をしたところ、みんな首を傾《かし》げた。まず指摘されたのは「ニューオータニがいくら高いといっても、一カ月の滞在費が一千万円なんかになるわけがない」ということだった。「食事も入れて、一日十万円としたって、三百万だろ」と言われた。もっともである。

他にもある。会社ももたない、フリーの商売人に三越がそんな大仕事を頼むとはとうてい思えないということ。たしかに五木寛之はペルシア絨毯の小説を書いているが、彼ほどの作家がいくら取材のためとはいえ、個人の住宅に泊まるというのが不自然だということ——。

一年を過ぎる頃には、どうも私が一杯食わされたということがわかってきた。全部というわけじゃないのかもしれないが、景気のいい話はたぶんほとんどウソだったのだろう。おそらく日本に来たことはあるんだろうが、三越とも森英恵とも五木寛之とも関係がなく、ただ絨毯を知り合いの日本人に売っていただけだろう。

考えてみれば、税金をおそれて一度に一枚か二枚しか絨毯を運ばないというのに、そのうちの一枚を私のためのお土産にするはずがない。

やっぱり、騙された。——でも、何に？

私は何も損をしていないのだ。インターコンチでも彼がおごってくれた。面白い話をしてくれた。その中にはいくつか本当の話もあっただろう。例えば、ペルシア絨毯をインドの下請けに作らせて日本で高く売り飛ばしているという辺りはほんとうではないかと思う。

それにあの「英語は国際言語である」という話。あの話はいつまでも色あせない。彼と同じ意見を述べる人には会ったことがないし、そういう意見を新聞や本で読むこともない。そして、英会話学校では今でも「我が校にはネイティヴの先生しかいません」とアピールしつづけている。

たしかにあのペルシア商人はとんでもない嘘つきだったが、見識はあったのである。

謎は謎のままに眠る。いつの間にか彼の住所も電話番号もなくしてしまった。だが、今でも、ネイティヴの発音が音楽のように耳を通り過ぎ、当惑や自己嫌悪に浸るとき、彼の明瞭な英語が甦《よみがえ》ってくる。そして、アメリカ人やイギリス人が私やペルシア人を見習う日を待ち遠しく思う。

中米の種付け村

話は中米だが、聞いたのはアフリカ・ザイール（現・コンゴ民主共和国）東部のゴマという町である。

私はザイール首都のキンシャサから飛行機でゴマの空港に到着した。一九九〇年、私はまだ学生だった。学生なのに、あろうことかNHKスペシャルのリサーチを引き受けてしまい、たった一人でこの僻地《へきち》にやってきた。番組は当時「ピグミー」と呼ばれていた森の狩猟採集民の生活ぶりをテーマとしたドキュメンタリーだ。私の仕事はロケがしやすく、かつ〝ピグミーらしさ〟を備えた彼らのキャンプを見つけることだった。「ピグミー」は定期的に移動しながら暮らしているので、村はなく、キャンプだけがある。

ゴマの空港で私は一人の日本人に声をかけられた。背は高くないし細身だが、袖をスパンと切り落としたTシャツから出る腕は筋肉質で、日に焼けた顔も精悍《せいかん》だった。当時私は二十三歳、彼は三十歳だった。

「ここで、部屋をシェアするのはどうですか？」と彼は関西弁のアクセントで話しかけてきた。私も異存はない。二人でタクシーを拾い、ガイドブックに名前が出ている安宿に向かった。新しいルームメイトは「志村」と名乗った。

ゴマの町は小さかった。メインストリートが一本あるだけ。三軒ほどある土産物屋は閑散としており、ゴマとは全然関係のないザイール中部の滝スタンレーフォールのピンボケ写真を使った絵葉書が埃《ほこり》をかぶっていた。

私たちは裏通りにある安宿に部屋をとった。

ほんとうに安いだけでろくでもない宿だった。共通の便所は、西洋式の便器にうんこが山盛りになっていて、その頂に触れないよう、中腰で用を足し、山の高度をたかめるのに貢献せねばならないくらいだった。

それを報告すると、志村さんは「ほう、そりゃイヤやねえ」と言いつつも、さほど気にするそぶりはなかった。彼は全身から「つわもの」のオーラを発していた。そうとう長い旅をしてきたらしいと想像がついたが、「旅をはじめてから十年たつ」というのには驚いた。

志村さんは一九八〇年に日本を出てアメリカにわたった。まだ一ドル＝三百六十円の頃だ。ニューヨークでバーテンダーをして金をためては中米や南米を回るということを繰り返した。南北アメリカを隅々まで旅すると、今度は大西洋をわたり、ヨーロッパに行った。そして、ヨーロッパのあちこちを旅してからはアフリカ大陸にも足を延ばすようになった。そのうち、旅先で知り合ったオーストリア人女性と結婚、ウィーンからかなり離れた田舎町でバーテンの仕事をするようになった。一子ももうけた。

見方によっては、オーストリアに移住して、その合間に旅をしているようにも見えるが、彼の姿勢はあくまで「旅人」だった。それも藤原新也が若かった頃の旅人である。

彼は言う。

「十年かけてやっと世界の半分を見た。あとの十年でアフリカの残りとアジアを見て日本に帰れればいいね」

生活の合間に旅をしているのではなく、旅の合間に生活をしているのだ。

私はたまたまザイールに来る直前、南米のコロンビア・アマゾンを一カ月ほど旅していた。コロンビアからいったん日本に帰ったが、たった三日でまたアフリカへ旅立った。

志村さんもいちばん長かったのが中南米だったから、私たちは南米の話で盛り上がった。

「ガルシア゠マルケスみたいな出来事がよくありますよね」

「あー、あれ、中南米の現実そのまんまやもんね」

「そうそう、マジックリアリズムでもなんでもない」

「ほんとに不思議なことが中南米では当たり前のように起こるもんな」

「そういえば――」と私は、ついさっき、志村さんと出会う前に、ゴマの空港で起きた変な出来事を思い出した。

　プロペラ機のタラップから降り立つと、出迎えの客がわらわらとタラップの下に集まってきていた。小さい飛行場なのでそんなことも許されるのだ。私が降りていくと、カトリックのシスターとおぼしき格好をした中年女性がスペイン語で話しかけてきた。

「すみません、この飛行機はキンシャサからですよね？」

「そうですが」

「スペイン人の若い女性は乗ってませんでしたか」

「いえ、わかりませんが、もう私たちのあとには女性はいないと思います」

「あー、そうですか――。どうもありがとう」

　そこで私は不審に思った。ここザイールはフランス語が公用語である。英語を話す人もあまりいない。ましてやスペイン語など、現地人もヨーロッパ人も喋っているのを聞いたことがない。それがなぜ、見るからに東洋人とわかる私にいきなりスペイン語で話しかけてきたのか？

「あなたはスペイン人ですか」

「ええ」

「どうしてぼくがスペイン語を話すとわかったのですか？」

　すると彼女は初めて気づいたというように、少し顎をあげて「あっ――」と言い、ついで首をひねった。

「わかりません。どうしてでしょう。ふだんは見知らぬ人にスペイン語でなんか話しかけないのに――」

私が着ている服はごくふつうのジーンズに柄の長袖シャツだった。靴はコロンビアで買った革製のものだったが、別にそれで私が南米からやってきたとわかるわけがない。結局、彼女は私の何から南米の気配を感じたのだろうか。匂い？　匂いといっても、南米の匂いなんてあるのかどうかわからないし、もう南米を発《た》って一週間以上も過ぎており、それから東京、ベルギーのブリュッセル、キンシャサと異国を回っているのである。

「へえ、不思議やねえ。そりゃきっと、君に南米の〝気〟みたいなもんが張りついてたんやろ」

「南米の〝気〟ですか。うん、そうかもしれない」

しばし、会話が途切れた。志村さんはベッドに転がったまま、何か物思いに耽《ふけ》っているようだ。長いこと旅をしているようだから、よほどいろんなことがあったにちがいない。

「南米じゃなくて中米なんだけど」と不意に志村さんが口を開いた。

「鬼門になってる場所があるんや」

「鬼門？」

「うん、そこはもう行けんな」

「わるいことをしたんですか。それとも嫌なことがあったんですか」

「いや、嫌なこともしとらんし、俺はわるいことしたつもりもないんやけど――」

いつもスパスパ話す志村さんの口調が珍しく歯切れわるい。でも、顔つきは暗いわけでなく、意味深長な笑みを浮かべている。

せっつくと、志村さんは話しはじめた。


彼がまだ二十代半ばくらいの頃だ。中米のある国の田舎町に行った。海に面したその場所は、先住民の村がポツポツあるだけで、ホテルなんてものもない。志村さんは昼は村の市場みたいなところで食料を買い、夜は浜辺のヤシの木にハンモックを吊《つ》るして寝ていた。

ちょうど乾季で毎晩月や星が見えた。一面の星空を見ながら、汐《しお》の匂いをかぎハンモックに寝るのは極楽だった。しかし、ほんとうの極楽はそんなものではなかった。

二日目の晩、ハンモックの中でうとうとしていると、誰かがそばにいる。ハッとして目を覚ますと、暗闇の中に若い女の子が立っていた。女の子は彼の手にそっと触れ、うっすらと微笑を浮かべたように見えた。何がなんだかわからないうちに、彼女は自分のものであるかのように志村さんのハンモックに入り込んできた。中南米のハンモックは頑丈な布製で二人くらいなら一緒に寝ることができる。

しかし、まったく見知らぬ女の子なのだ。しかも女の子はごそごそしている。どうも服を脱いだらしい。

志村さんも若い男で、しかも長らく女とはごぶさたしていた。なんだかわからないなりにも、そのまま彼女を受け入れてしまった。

初めから終わりまで、彼女は一言も口をきかなかった。志村さんも彼女に名前やここに来た理由などを訊かなかった。「なんだかわからないけど、喋ってはいけないような気がしたから」と言う。

事を済ますと、二人は寝入ったが、しばらくして目を覚ますと、もう女の子の姿はなかった。翌朝「あれは何だったんだろう」と思った。いくら中米の田舎とはいえ、村には電気も来ているし、トラックで物資を町から輸送してくる。乗り合いバスだって通っている。見知らぬ地元の女の子がそっと夜這《よば》ってくるなんて、昔話や神話じゃあるまいし、俺は夢でも見てたんじゃないか。そう思った。

ところが、次の晩も同じことが繰り返された。夜が更けて、彼が寝入っていると、女の子が体に触れる。やっぱり昨日の出来事はほんとうだったんだと思った。

昨夜と同様、彼女はハンモックに入り、服を脱いだ。だがそこで、志村さんはその子が昨日とはちがう子だと気づいた。暗くて顔かたちからは断言できないし、体つきも似たり寄ったりだったが、雰囲気やハンモックに入ったり服を脱ぐ仕草がなんとなくちがう。体を合わせてみたら、明らかに別人だった。ただ、その子も交わったあと、彼が寝ている間にハンモックを抜け出して帰っていってしまったのは同じだった。

それと同じことが翌日も、その翌日もつづいた。入れ替わり立ち替わり、毎回ちがう女の子がやってきて、彼と寝る。

そんなことが一週間もつづいた。

「あれは極楽だった。男の夢ってやつだね。海辺で、星空を見ながら、どこからともなく若い女の子がやってきて、ゆらゆら揺れるハンモックでやれるんだから」

でも、だんだん志村さんは気味がわるくなってきた。理由がわからないからだ。そして、八日目にハンモックをたたみ、荷物を持ってその村から立ち去った。

「すごいですねえ――。それはいったい何だったんですかね？」

「うん、俺もいろいろ考えたんだけど、あれはやっぱり〝種付け〟だと思うんだ」

「種付け？」

「うん。あとで思い出すと、村には若い男が少なかった。出稼ぎで都会に行っちまったのか、それとも兵隊にとられたのかわからないけど。だから、種がほしかったんじゃないかな」

しかし、その話はつづきがあった。いや、別のへんな話だが。

すごい話である。とても現代とは思えない。


その村を出て、志村さんは別の場所へ行った。そこは田舎ながらいちおうガイドブックにも載っているような町だった。彼は安宿に泊まっていた。

ある日、現地の若い女性が小さい男の子を連れてやってきた。

「ここに日本人が泊まっていると聞いたんですが」と女性は言う。

「私は日本人ですが、なにか？」

すると女性は子供を指差して言った。

「実はこの子は日本人の子供なんです。私は五年前、ここを訪れていた日本人と恋をして、しばらく一緒に暮らしました。でもその日本人は旅行者で、二カ月ほどして日本に帰ってしまった。彼が去ったあと、この子が生まれたんだけど、彼は二度と戻りませんでした。この子はもう四歳ですが、どういうわけか、言葉をいっさい喋らないのです」

志村さんは話がつかめずにいた。

「それで、ぼくに何の用です？」

「この子に日本語で話しかけてくれませんか」

「ええ⁉　どうして？」

「この子は日本人の子です。スペイン語がわからないのはそのせいかもしれない。もしかしたら日本語ならわかるかもしれない」

志村さんは呆気《あっけ》にとられたが、女性が真剣そのものだったので、ノーとも言えず、その息子に「君、名前はなに？」「何歳？」「うちはどこ？」と日本語で訊ねた。

当たり前だが、子供はきょとんとしているだけだった。

なんだか申し訳ないような気がして、「やっぱりダメですね」と言うと、女性は「いえ、これがきっかけで喋れるようになるかもしれません。ありがとうございました」と嬉しそうに礼を言い、子供の手を引っ張って帰っていった。


「まるっきりガルシア゠マルケスの世界ですねえ！」私は感嘆して叫んだ。

「そうなんだよ。でも、それでますます怖くなった」

「なにが？」

「あの海辺の村だよ。あそこで、あのあと俺の子供がたくさん生まれていたらどうしよう。それがみんな、言葉を話さなかったら——。俺と寝た女の子たちは、あの母親みたいに、子供を連れて町に出て、日本人旅行者をつかまえて『日本語で話しかけてほしい』なんて頼んだら――。そう思うと、もうあの国には行けない」

そのとき、私は是非その国のその海辺に行きたくなった。

志村さんはこの話をしてくれたとき、はっきりと国の名前と場所、海辺の地域名も教えてくれた。それは私もよく知っている国と場所だった。

ところがである。それから二カ月して、私が日本に戻ったとき、この話自体は鮮明に憶えていたが、その国と浜辺の名前がどうしても思い出せないのだ。

国はグアテマラかエルサルバドルかコスタリカといった、中米ではメジャーな国のはずだが、どれだかさっぱりわからない。

肝心の部分だけ記憶が消去されてしまったかのようだ。

これまたガルシア＝マルケス的な展開で、中南米の不思議なパワーはどこまでもついてくるようである。

It（イット）

結婚して初めて妻と海外に旅行したときのことだった。

タイと台湾を三週間回るという旅の真ん中あたりで、寝台列車でタイ南部のハジャイという町に行った。

ハジャイは、スカーフですっぽり頭を包んだ尼さんのようなムスリム女性がたくさんおり、男たちは眉毛もヒゲも濃く、肌も浅黒く、私が知っているタイとは別の場所という感じが強くした。

私たちはいつものようにガイドブックに載っている安宿をいくつか回り、とあるゲストハウスに泊まることにした。

部屋は値段のわりには広々としていた。窓が小さく、若干薄暗くはあったが、タイのような熱帯の地では日当たりのよさなど必要ではない。実際、その部屋は外気を遮断しているらしく、屋外の熱暑がうそのように涼しかった。

家具といえば、バラの模様が貼りつけられた安っぽい中国製のテーブルが一つ、折りたたみのスチールの椅子が一つ、ベニヤを継ぎ足して作った洋服棚が一つ、そして広めのダブルベッドが置いてあるだけだった。

ベッドは新しくはなさそうだが、いちおうきれいにアイロンがかかったシーツが敷かれており、スプリングも堅めで、ゴロンと寝そべるとぐったりした体に心地よかった。私たちはバンコクから十二時間列車に揺られ、疲れていたのだ。

天井では大きなファンがくるくると回っていた。やわらかい風が波のように打ち寄せる。ファンが回るのを見ながら風を受けていると、二人ともうとうとしてきた。「なんだか眠くなっちゃったね――」と言いながら、どちらともなくすっと眠りに引き込まれた。

いつもながら不思議だが、寝ているときは意識がないはずなのに、どのくらい寝ていたのかだいたいわかる。そのときは三十分くらい眠って、私は目を覚ました。

妻は隣におらず、「ん?」と思って体を起こすと、スチールの椅子に背筋をピンと伸ばして腰掛けていた。常日頃、動揺することがない彼女が青ざめた顔をしている。

「どうしたの?」と訊くと、彼女は強張った抑揚のない声で言った。

「この部屋に何かがいる」

なんのこっちゃと思い、私は笑った。ところが彼女はピクリとも表情を変えない。何かの気配にじっと耳を澄ませている。そのまま固定された機械のように彼女が話す。

「さっき寝てたらなんだか気分がわるくなってきたの。ハッとして起きたら、何かがいるのがわかった」

「何かって何？」

「わからないけど、何か悪意をもったもの。それがいるの、この部屋に。それで私たちのことを見てるの」

〝何か〟が〝それ〟という表現に変わった。喋っている間にも、彼女の感覚はだんだんはっきりとした存在を感じているらしい。私は部屋を見渡した。何も感じない。悪意どころか、イヤな雰囲気とか、居心地のわるさもない。いたって快適で落ち着く部屋である。妻は霊感があるのだろうか。そんな話は聞いたことがないのだが。

「それって霊みたいなもの？　それとも生き物？」

「わからない。『それ』としか言えない。わからないけど、『それがいる』っていうのはわかるのよ」

まるでキングの小説「Ｉｔ（イット）」そのままだ。しかし妻は別にキングの小説に感化されたわけではない。彼女は小説の類をめったに読まない。「他人の絵空事に付き合わされるなんてまっぴらごめん」というのがリアリストである彼女の持論だ。小説好きの私とは趣味が合わないところだが、それはともかく、彼女はキングの本を読むどころか、手にとったことさえないだろう。

いったい何なんだろうと思ったが、彼女が尋常な様子でないので、「それ」が何かは関係なくこの部屋を移ったほうがいいと思った。

「ちょっと待ってて。他の部屋に換えてもらうから」

そう言って私はゲストハウスのフロントに行った。フロントは明るい真っ昼間の光が燦々《さんさん》と差し込んでいて、「それ」だか「何か」だか、そんなものの話をすることさえ馬鹿げたことに思えた。でも、しかたないので、フロントの若い男性に話しかけた。

「ちょっと申し訳ないんだけど、ぼくの妻が『部屋に何かいる』って言うんだ」

「何がいるんです?」

「その、ピーみたいなもの」私は思わず照れ笑いを浮かべた。

ピーとはタイ語で「お化け」「霊」といった意味である。

「ピー?」フロント係はきょとんとしている。

「うん、まあ、ぼくは何も感じないからよくわからないんだけど。とにかく、彼女が嫌だというから、部屋を換えてくれない?」

フロント係は話がのみこめないながらもうなずき、別の部屋の鍵をとってよこした。

「ところで、あの部屋って、ピーが出るとかそういう話は今までないの?」

フロント係はクスクスと笑い出して、首を振った。

「ないですよ。全然ないです」

ウソをついているとか隠している様子はなく、ただ呆《あき》れているだけのようだった。私は恥ずかしくなってそそくさと部屋に戻った。

「大丈夫、部屋、換えてもらえたよ」とにこやかに声をかけると、彼女は酷《ひど》い悪寒に襲われたように両手で自分の胸を抱きしめ、震えていた。

「だめ。早くここから出ないと、だめ。それが来る」

一人にしておいたのがよくなかったようだ。私は慌てて笑顔をひっこめ、彼女の腕をとって立ち上がらせ、部屋の外へ出した。

この人と結婚して大丈夫だったのかという思いがよぎったが、ともかく、新しく鍵をもらった、同じ一階だがもっとずっと奥の部屋に連れていく。彼女はおそるおそるその部屋に入った。

「どう？　ここも何かいる？」

彼女は鋭い目であたりを見渡してから、じっと耳を澄ました。さきほどと造りはほとんど変わらない。ただ、ちょっと狭いだけだ。ややあって彼女はふーっと息を吐き出した。

「ううん、何もいない。ここは大丈夫」

何なんだよ、いったい？　わけがわからないが、ここも悪い部屋じゃないし、まあ、いいだろう。私は一人で元の「それ」がいるという部屋に戻り、残った荷物を持ってきた。一人で入ったら何か感じるかと思ったが、まったく何もなかった。

新しい部屋で互いに一息つき、彼女も昼飯が食べられるくらいに回復した。もともと気が強い人なので、「それ」から解放されてホッとしただけでなく、だんだん脅されたことに腹を立て出した。「むかつく！」と言う。

それがおかしくて、「〝それ〟っていったい何だったんだろうねえ」とからかい口調で言うと、「〝そいつ〟のことで笑わないで。冗談じゃないんだから。ほんとに悪意のかたまりみたいなやつなんだから」と眉をしかめた。

イットは〝それ〟から〝そいつ〟になっていた。人格が与えられたのか。

「まあいいから飯食いに行こう」「うん、そうしよう」ということになり、二人は部屋の外に出た。私は肩掛け布かばん、彼女は日本でも使っているショルダーバッグのみの軽装である。

歩いていくと、例の部屋の前を通りかかった。

「ちょっと〝そいつ〟に挨拶してみよう」

彼女が「やめなさいよ！」と言うのも聞かず、私は部屋のドアをトントンとノックした。

その瞬間である。

パチン！　という激しい音がした。見ると、彼女がバッグを手で抱えている。

「これ――」

ショルダーバッグの金具が一つ吹っ飛んでいた。バッグの肩ひもは金具二つでつながっているものだったから下に落ちはしなかったが、彼女はまた青くなってバッグを抱えていた。

このとき私は初めて、「これは冗談じゃないんだ」と思った。相変わらず自分には何も感じられないけれど、何かがいるのだ。「霊」だか「化け物」だかわからない、「It」が。

「もうこんなバッグは持っているのもイヤだ」と彼女が言うので、私たちは飯を後回しにして新しいバッグを買いに市場へ行った。

そして、それきり、Itの話をするのをやめた。

私たちは以来、何度となく海外のあちこちを旅行しているが、彼女が何かを感じることもないし、異変にも遭遇しないでいる。

沖縄の巨人

高校生のとき、中学時代の同級生で親しい友だちがいた。

私と同じくプロレスの大ファンで、犬好きで、ギターがうまかった。太っていて、陽気で、人気者という男はどこの世界でもいると思うが、まさに彼はその典型だった。棟方という名前なので、中学の仲間たちからは「ムーちゃん」と呼ばれて親しまれていた。私はヒマさえあれば、自分の家から自転車で七、八分ほどのところにある彼の家に遊びに行っていた。

ムーちゃんは冗談ばかり飛ばしてふざけているが、そういう人によくあるように、実際はかなりマジメで内向的なところがあった。ふだん、みんなといると明るいのはサービス精神によるもので、相手との距離をとるのが苦手なゆえに道化役を演じてしまうという部分が少なからずあった。その証拠に、彼は人気者のくせに彼女がまったくできなかった。けっこうモテるのに、何もしないうちから身をひいてしまうのだ。

いっぽう、私は高校に入ってからめっきりと暗くなり、モテるモテないどころか女子と話をする機会すら見つけられなかった。

そんな二人が凹凸のようにぴったりとハマってしまった。

私は彼のギターに合わせて大声で——しかも谷村新司や松田聖子の物真似《ものまね》つきで——うたい、彼は女の子を好きになったときの胸苦しさを悲壮な表情で語った。どちらも、外では決して見せない一面であった。

高校三年生の夏休みのことである。

ムーちゃんは学校の修学旅行で沖縄へ行った（言い忘れていたが、彼は私とは別の私立高校に通っていた）。

一九八〇年も前半で、まだバブルがはじまる前の話だ。沖縄に修学旅行というのはかなり贅沢《ぜいたく》で羨ましいものだった。ムーちゃんは意気揚々と出かけていった。

三泊四日の滞在を終えて八王子に帰ってきたのを見計らい、彼の家に遊びに行くと、ちゃんと帰ってきていた。Tシャツをめくりあげて「どうよ！」と、こんがり焼けた肩を見せつけたまではいつものムーちゃんだが、どうにも顔色が冴《さ》えない。何か屈託を抱えているときの顔だ。また「勝手失恋」でもしたのかと思い、私は顔がにやけるのを我慢した。

「どうしたの？　何かあったの？」と訊くと、実はそう来るのを待っていたようで、

「それがさ、とんでもないもん、見ちゃったんだよ」

「とんでもないものって？」

「巨人」

「え？　きょじん？　何それ？」話がさっぱり見えない。

するとと彼は順を追ってゆっくりと説明しはじめた。


ムーちゃんたちの一行は、沖縄中部の、今でもポピュラーなMビーチに着いた。そこで海に面したホテルに泊まっていた。プライベートビーチとプールをそなえているという。それだけ聞くと「リゾートホテル」なのだが、今から思えば変な感じがしないでもない。というのは、六人が一つのグループになって同じ部屋に泊まっていたと言っていたからだ。もしかしたら、旅館形式のホテル、あるいは名前だけ「ホテル」の旅館だったのかもしれない。

ともかく、ムーちゃんたちはそのホテルの三階にある部屋に泊まっていた。

最初の晩のことである。

夕食が済んでもう十時を過ぎた。規則上は就寝時間だが、もちろん修学旅行の高校生がそれに従うわけがない。寝ないばかりか、タバコを吸いはじめた。そのうちどんどん調子に乗ってきたワルどもは、窓から外に身を乗り出した。ホテルには小さいながらもベランダがついていた。歩けるほどではなかったらしいが、そこに立って海風に吹かれながらタバコをくゆらせるほどではあったらしい。ちなみに、窓にはガラス戸以外に障子がついていた。いわゆる旅館スタイルで、こうしたディテイルを思い出せば、その「ホテル」はやはり旅館に近いものだったのだろう。

さて、ムーちゃんを含め、六人のうち二人か三人がまずくわえタバコで優雅に風に吹かれていたが、友だちの一人が「あ！」と驚きの声をあげた。「あそこに誰かいるぞ」

友だちが指した方向を見ると、ホテルから百メートルくらい離れた波打ち際に大きな岩があった。そこに誰かが腰を下ろしていた。海のほうを眺めているようだ。

「やばい。あれ、××じゃないか？」友だちの一人が先生の名前を出した。言われて見ればたしかにその先生にシルエットが似ている。

「やべえ！」ワルどもは本物のワルではないので、慌ててタバコを消して部屋に引っ込んだ。障子も閉めた。十分ほどしてから、友だちの一人が立ち上がり、障子を開けて様子をうかがった。すると、もう誰もいない。人影が見当たらない。偵察の友だちは障子を閉めた。

ここで意見が分かれた。先生は帰って寝たと言う者もいたが、中には「こっちを見ていて、タバコの火に気がついたのかも」と言う者もいた。もし、後者なら見回りに来る可能性がある。

だが、例の人影はこちらを見ている様子ではなかったし、「部屋に帰って寝たんだろ」「そうだ、そうだ」ということになって、ムーちゃんがタバコのパッケージとライターを手にして、障子を開けた。

そこで彼はとんでもないものを目にした。いや、「目にした」なんてものではなかった。

開けた窓いっぱいに人間の顔があったのだ。

ムーちゃんはもちろん、他の五人も「おわっ！」という声にならない声をあげ、思わずざざざーっと部屋の後ろのほうにのけぞった。

巨大な顔にはちゃんと巨大な目鼻がついていた。巨大な二つの目がぎょろ、ぎょろっと左右に動き、ムーちゃんたちを見た。

それがどのくらいの時間だったのかわからない。もしかしたら、ほんの二、三秒だったかもしれないが、永遠の長さにも感じた。

ある瞬間、ふっと顔が消えた。みんなはそのまま金縛りにあったように固まっていたが、ムーちゃん曰く「人間っていうのはおかしなもんでさ、あんなに怖いのに、いなくなるとそれがどうなったか気になって気になってしょうがないんだ」。

頭がおかしくなりそうなくらい怖いにもかかわらず、彼らはへっぴり腰で窓ににじり寄り、首を伸ばして外を見た。

彼らが見たのはまたしても、とんでもない光景だった。

巨人が歩いていたのだ。

ホテルの三階と同じ背丈の巨人が、あの巨大な顔にふさわしい巨体が、背を向けてゆっくりと歩いていた。

巨人は軍服姿だった。腰には刀を差し、頭には白い鉢巻をまいていた。そういえば、巨大な顔も白い鉢巻をしていた。額の部分には赤い日の丸がついていた。

巨人というか巨大な日本兵は、そのままずんずんと歩いていく。ホテルのプールもおかまいなしに足を突っ込むが、巨人の膝までしか水が来ない。

ムーちゃんたちがポカンと口を開けたまま、眺めていると、巨人兵は海にざぶざぶと入っていった。打ち寄せる波も気にせず、沖へ向かってまっすぐ歩いていく。巨人は膝、腰、肩――とどんどん深みへ入っていき、やがて暗い海の中に消えた。

ムーちゃんたちはあまりの出来事に言葉もなく、障子を閉め切って布団の中に潜り込んだ。誰も一言も発しなかったが、とても眠れたもんじゃなかった。

翌朝、真っ赤に充血した目で六人は部屋を出た。生徒と先生が全員一緒に朝食をとるのだ。食欲ゼロだが、決まっていることなのでしかたない。彼らは一階のダイニングルームに行き、所定のテーブルに着いた。

席順は部屋わりに即していたから、隣のテーブルには隣の部屋のグループが座っていた。見れば、隣部屋の六人も真っ青な顔で目が真っ赤ではないか。

ムーちゃんは震える声で話しかけた。

「もしかして――おまえらも見たの？」

隣室の生徒はびっくりして言った。

「えー、おまえらも？　あの――」と言いかけたセリフをムーちゃんが引き継いだ。

「――巨人⁉」

隣室の生徒はこっくりうなずいた。

食事のあとで聞いてみたら、なんと三階の三つの部屋で巨人が目撃されていた。他の階でも見たやつはいたかもしれないが、クラスがちがうので訊かなかったという。

私は背筋がゾゾゾっとした。私は今まで自分で霊体験などないし、身内や友人からもそんな話は聞いたことがない。本やテレビ以外で、つまり直接見た本人から話を聞くのは初めてだが、初体験の相手があまりに強烈であった。

「――で、その巨人って、いったい何だったの？」私は訊いてもしかたがないこと、でも訊かずにはおれないことを訊いてみた。

「わかんねえんだよ。あとでホテルの人に『変なものを見たんですけど――』って言ったら、前にもホテルの廊下で謎の人影を見たという話はあるとか言ってたけど、巨人とはまったくちがう」

　ムーちゃんは八王子に帰るなり、さっそく近所に住む知り合いのお坊さんを訪ねた。ムーちゃんの両親はかなり信心深い伝統的な仏教徒で、私がのちに外国の僻地に行くときには「高野山陀羅尼錠」を必ず常備薬兼御守りとして持たせてくれたくらいである。両親が深い信頼を寄せている、おそらくは真言宗のお坊さんがいた。その人は特殊な能力があって檀家や近所の人の悩み事に応えていたらしい。

　詳しい話をすると、そのお坊さんは「それは集合霊だ」と言った。

　第二次大戦で沖縄でたくさんの日本兵が戦死した。その霊が集まったものだろうというのだ。

「ほんとにそうなの？　そう思う？」と、また私は答えられない、でも訊かずにはいられない質問をした。

　ムーちゃんは目をぎゅっとつむったり開いたりしながら考えている。そして言った。

「あのお坊さんがそう言うならそうかもしれない。でも、正直言ってよくわかんないんだ。わかってるのは、おれたちが十何人もその巨人を見たってことだけだよ」

　私はその数年後——あるいは二十年もたった今でも——世界の各地で謎の動物を目撃したという人に話を聞くことになるが、その中でもほんとうに真剣な人たちが困ったように漏らすコメントとまったく同じであった。

　人は不思議なものを見る。それが何であるかはわからない。見たからそれが実在するともかぎらないし、「集団ヒステリー」などという言葉で片付けられるものでもないと思う。

高校を卒業後、私は都区内の大学へ、彼は地元・八王子の大学へ進んだ。それでだんだん行き来が減り、疎遠になっていった。大学を卒業してからはめったに会う機会もない。

だが、今でも「巨人の話」は耳に焼きついている。おりに触れてはそれを思い出す。そしてムーちゃんや彼と過ごした楽しい十代の一時期を思い出す。まるで巨人が先導するように、巨人が海にどんどん入っていくそのあとをついていくように、しばし懐かしさにふけるのである。

犬好きの血統

私の妻は犬好きである。犬好きが高じて「犬」をメインテーマとして現在、文筆活動をしているくらいだ。

前に訊いてみたら、それはどうも血統らしい。父方の祖母という人が並外れた犬好きだったという。それも尋常な犬好きではなかった。「尋常でない犬好き」というのは「ものすごい犬好き」という意味ではなくて、「普通とはちがう犬好き」という意味である。

彼女の父方の祖父は仙台でミッション系私立高校の校長をしていた。家は学校の隣にある洋風の屋敷で戦前は女中さんを雇うような暮らしをしていた。

祖母は、戦前では珍しく犬を家の中で飼っていた。バセットハウンドという、あごがブルドッグのように垂れ、耳も大きく垂れ、足の短い犬だ。今でも日本ではめったに見かけない。当時としてはそうとう珍しかったはずだ。

ペロというその犬は、我が物顔で屋敷内をのし歩いていたが、あるとき女中さんたちから苦情が出た。春や秋、毛の生え変わる時期になると、ペロの毛がそこら中に落ち、掃除が大変だ。「特にお茶の間はご飯を食べるところでもあるし、ペロの出入りをやめさせてほしい」と女中さんたちは言った。

それを聞くと祖母はペロを呼んだ。そして、「女中さんたちがこう言ってるんだけどね――」と経緯を説明した。ペロは話を聞くと、頭を垂れてうなだれた。あるいは祖母にはそのように見えた。すると、祖母は言った。

「ペロがこんなにしょげかえっている。やっぱりかわいそうだから今までどおり、ペロの自由にさせたい」

かわいそうなのは女中さんのほうである。

ペロは当時の犬としてはずいぶん長生きをした。快適な家の中で飼っていたということもあるし、仙台には、犬の寿命を著しく縮めたフィラリアを媒介する蚊がいなかったかららしい。

ペロは少なくとも十二か十三歳まで生きた。だが最終的に何歳だったのか正確にわからない。年老いて、もうよぼよぼになってからだが、ある日、忽然《こつぜん》と姿を消してしまったのだ。おそらく、ボケて外に出て道に迷い帰れなくなってしまったか、いちおう高価そうな洋犬だし犬さらいにさらわれてしまったのかもしれない。

家族はため息をつきつつ、「もうペロは生きて帰ってはこないだろう」と思っていた。ところが、ある朝、祖母が寝室から大声で叫んでいた。祖母の長男（妻の父）が急いで部屋に行くと、祖母が「あたしの上にペロが乗っている。重いから早くどけて」と言う。

だが、何も見えない。

「え、どこに？　何もないよ」と妻の父が言うと、祖母は「いる」と言い張る。寝ぼけているのではなくて見えるらしい。

しばらく言い合っていると、「あ、いなくなった」と祖母は言った。

祖母によれば、朝方、突然部屋にペロが現れ、ぴょんとベッドに飛び乗った。そのズシンという衝撃もはっきり覚えているという。祖母は「寝ぼけたわけじゃない、ペロが来たのだ」と言い張ったが、それが生きているペロなのか死んだペロの霊なのかという点では、うーんと首を傾げていたという。

そんなことが三回ほど起きたらしい。

なんらかの形で、ペロは愛する飼い主（というより母親に近いだろう）に挨拶に来たのだろうと妻は言う。

その話は前から聞いていたのだが、あとで「実は祖父もものすごい犬好きだった」と聞いた。考えてみれば、戦前の家庭で、いくら妻が犬好きでも夫によほど理解がなければ犬を屋内で飼えるはずがない。つまり、夫婦そろって「尋常でない犬好き」だったわけである。

祖父には祖母に負けない不思議なエピソードがあるという。

妻によればこうである。

祖父が高校を退職すると、祖父母はそろって仙台の家を引き払い（学校付属の屋敷だったから住んでいられなかったらしい）、東京世田谷にやってきた。長男（妻の父）を頼ってのことだった。頼ってといっても同居するほど妻の実家は広くないので、そこから歩いて五分くらいの場所に別の家を借りて住んでいた。

妻の実家に祖父はたびたび遊びに来たが、いつも手ぶらで、菓子パン一つ、袋をぶらぶら下げていた。妻の実家で飼っていた「アーサー」という犬にやるのである。

アーサーはグレイハウンドのオスだった。グレイハウンドはドッグレースに使われることで知られる、極端に体が細く、背の高い犬である。これまた今でもめったに見ることができない。そんな犬を飼っていたのは、祖父母の薫陶を受けた妻の父がやはり犬好きだったからである。

妻によれば、祖父はこのアーサーを溺愛していたという。

「とにかく、じいちゃんはアーサーをかわいがってた。あたしたち孫には土産を買ってきたことなんかなかったけど、アーサーには必ず土産の菓子パンを買ってきた。アンパンとかクリームパンとかジャムパンとか。それを庭先でちぎって『ほい、ほい』ってアーサーにあげるのよ。あたしもじいちゃんの家に何度か泊まりに行った覚えがあるし、ふつう程度にはかわいがられてたんだろうけど、アーサーほどじゃなかったわね」

その祖父は妻が小学三年生のとき、急死した。朝「気分がわるい」と言い、家で休んでいたら、夕方には倒れてすぐに息を引き取ったという。脳梗塞だった。

祖父が亡くなった晩から翌日の通夜にかけて、妻の実家では異変が起きた。

「うちで飼ってた生き物が全部死んじゃったの。大きな甕《かめ》で何年も飼っていた七、八匹の金魚、それから亀も死んじゃった。庭で飼っていたニワトリ三羽も、弟が飼っていたクワガタやカブトムシまで死んじゃった。なんでもなかったのはアーサーだけよ」

妻の家族はこの異変に驚愕《きょうがく》したが、親戚や近所の人にそれを話しても誰も信じてくれなかった。

「家族が亡くなると、お通夜だお葬式だって忙しくなるから、ペットまで手が回らなくなって死ぬものだ」と訳知り顔に言う人もあったが、「たった一日で全部死んでしまうわけがない。だいたい金魚や亀なんてふだんろくに世話もしてなかった」と妻の家族は納得しなかった。

そして、妻たちはみんなで話した。

「じいちゃんが死んだあと、何かがこの家の生き物をおそったんだ。でもじいちゃんが頑張ってアーサーだけ助けたんだ。あんなに愛したアーサーだけを」

そして、玄関口で元気に尻尾を振るアーサーを見つめた。アーサーは不思議そうな顔で妻たちを眺めていたという。

人体実験バイト

それは私の精神状態がかなりひどい状態のときだった。二代目・貴乃花がまだ「貴花田」でめっぽう強かった時期だから、私は二十七歳くらいだったはず。

二度目の中国旅行から帰国した私は完全に目標を見失っていた。

二十代半ばまでは「好奇心の赴くまま」にやっていて、それがよい結果に出ていた。端からはものすごくエネルギッシュなように見えたらしい。タイ、中国、日本を自由に行き来していたからだ。

だが、二度目の中国旅行の途中から急に「おれ、何やってんだろ——」という思いにとりつかれた。単行本に書くためのエピソード探しをしたが、まともなものは何も見つからなかった。不思議なことに、何も期待していないと思いがけないことが起きるが、意図的に探そうとしても見つからないのだ。

旅の目的を達成できないまま帰国したが、心身がだるい。何もする気が起きない。プロのライターをやっていく自信もなくなり、かといって今さら他にやれそうなことも思いつかない。所属する場所はなく、しかも金もない。早稲田にあるアパートの部屋に引きこもった。

それでも何かして金を稼がなければならない。私は早稲田界隈《かいわい》で撒《ま》かれているバイト情報ちらしを見て、「投薬実験バイト」をすることにした。

これは昔からバイト情報のちらしによく載っているもので、探検部仲間からは「人体実験バイト」と呼ばれていた。要は、製薬会社が開発した医薬品を、最終段階で人間に試し、副作用がないかどうか調べるというものだ。誰かがやらなければならないが、誰もやりたがらないし、やって感心されることもないという類のバイトである。探検部の中でもうだうだしているダメな連中しかやらなかったのも当然だろう。

私はふつうのバイトをする気力がなかったし（人に会って話をするのが苦痛だった）、このバイトはただ薬を飲んで何日か病院でゴロゴロしていればいいというものなので、薬の副作用がどうだとか気にすることもなく、応募した。

夏の暑いときだった。このバイトは貧乏学生を主なターゲットにしているから、春休みと夏休みが多いのだ。

病院は五反田のほうにあったと思う。それほど大きくないが、木でできた階段の手すりや受付の台が数え切れない人の手が触れたためにつやつやに光っていて、歴史を嫌でも感じさせた。

私が応募したのは、四泊五日、四万円のコースだった。

簡単な健康診断をして問題がなかったので、私は着替えを持ってそこに「入院」した。「実験」の部屋は八階にあった。というより、八階のフロア全体が実験場所になっているのだ。白いベッドが三十くらい並び、他には食事用のテーブル、トイレ、流し、テレビを見るソファなどがあった。

この八階から下におりる階段は見あたらなかった。エレベータもふつうは七階までしか行かない。職員が鍵を使うとそのときだけ八階まで行くのだ。だから、一般の患者や見舞い客が間違って上がってくることは絶対にない。そして、私たち被験者はどんな理由があっても外に出ることが許されない。もし、なんらかの理由で外に出れば、そこでバイトは放棄とみなされ、バイト代は払われない。

そういうことは入院前の誓約書に書いてあった。ついでにいえば、この実験でどんな結果が体に出ようとも文句は言いませんという一項もあった。それにサインしてみんな入ってくるのだ。

初日、八階に集合すると、私たちは食事テーブルの横のスペースに集められた。

真っ白な髪がかろうじて耳のあたりに残っている白衣の人物が挨拶と説明をした。そばには女性の看護師が二人ついている。

白衣の人は医者かと思ったが、話を聞いているとどうもちがうようだった。「私はこの階の責任者だ」と言う。年はすでに八十歳だというが、その年代にしては大柄で背筋が伸びており、妙な威厳があった。

初めはベッドの割り振りや、「他の薬は飲んではいけない」「体調がわるくなったら申し出る」といった生活上の注意で、私たちはほとんど聞き流していた。

「私はあの隅の小部屋にいるので何かあったらそちらに来てください」と老人は言い、説明ももう終わりかとみんな凝った首をコキコキやりはじめたものの、終わりではなかった。

「私は朝八時から夜十時までずっとあの部屋にいます。そこでずっと原稿を書いています。私はシベリヤに抑留されていました。そのときの記録をつけているのです。何の咎《とが》もない戦友たちが何十人となく寒さと飢えで死んでいきました。その記録を書いているのです。書いていると、どんどん涙があふれてきます。戦友のことを思い出して涙が止まらなくなるのです。でも私は書きます。書き残す義務があると思うのです。あのシベリヤ、あの収容所、あのソ連兵たち――まさにそれは地獄でした――」

おそらく軍隊で鍛えたとおぼしき野太い声でろうろうと語り、老人の目にはすでに光るものがあった。

話の途中からそわそわしていた看護師さん二人が、言葉の切れ目を狙って「先生、そろそろ——」と口をはさんだ。それで老人はやっと我に返ったようで、また物静かな口調で、「ああそうですね、何か質問は？　ないようですね。では、みなさん、これから五日間よろしくおねがいします」と尋常な挨拶を述べた。

ほんとうに楽なバイトだった。一日三食、ご飯が下から届けられる。病院食である。それを食べたあと、三種類の薬を飲む。何の薬なのかまったくわからない。一見、何の変哲もないカプセルと錠剤である。

あとは完全な自由時間。テレビを見る者、二台あるテレビでゲームをやる者、大きな本棚二つにずらりと並ぶマンガを読む者——。

私は一人ぽつねんとしていた。他のバイトはみんな二十前後の学生か専門学校生という感じで、たいてい友だち同士で来ていたからだ。まるで卒業旅行に来たかのようにはしゃいでいる連中も少なくない。ほんのちょっと前まで私もそういう若者の一人だったはずだが、このときはえらく世代がちがうように思えた。二十代後半も、一人で来ているのも、見たかぎりでは私一人だった。

そうだよな、こんな怪しげで、将来何か健康に害を及ぼすかもしれないバイトに、深く考えもせず参加するなんて、無限の未来があると思う二十前後のやつしかいないよな。

もともと引きこもっていたし、世代もちがえば、仲間もいる若い連中に話しかける言葉もない。本棚に『子連れ狼』全二十六巻を見つけ、ベッドに寝そべって読んでいった。

子連れ狼は面白かった。私は萬屋錦之介演じるドラマの「子連れ狼」が大好きだったが、ドラマが原作にひじょうに忠実だったことを発見し、驚きもした。

中でも印象的だったのは、拝一刀の敵である柳生一族の究極の作戦だ。大人数で向かっていっても、騙し討ちをしかけても、どうしても一刀を倒すことができない。そこで編み出した究極の作戦は、「拝一刀親子に関わる人間をすべて抹殺する」という凄まじいものだった。宿場町で一刀親子が宿に泊まると、彼らが立ち去った直後、柳生の手の者がその宿の人間をみな殺しにする。飯屋で飯を食っても、その後でみな殺し。道中で、大五郎に折鶴をくれた若い女の子も殺される。

「冥府魔道を生きる」と豪語する一刀もさすがに神経がもたず、人里離れた山に逃げる。食糧不足と神経衰弱になった一刀を柳生の必殺部隊が襲撃する——。

劇画とはいえ、あまりにも惨《むご》いシーンの連続であった。この理詰めの虐殺はどんな忍術よりも理不尽だった。それを私は白いシーツの上で隔離された病棟で読んでいる。あまりに現実離れしているせいか、本を閉じて立ち上がると平衡感覚が損なわれ、足元がふらついた。

子連れ狼は三日目の夕方には読破してしまった。その世界に浸り切っていたので頭がぼんやりしていた。私は三日間、誰とも一言も喋っていなかった。久しぶりに誰かと話したいという強い欲求にかられた。だが、周囲では変わり者の私を避ける雰囲気ができあがっていたし（私が拒絶していたのだが）、電話もないから友だちと話すこともできない。

私が向かったのは、隅の小部屋だった。「何かあったら遠慮なく来てください」ということだったが、誰もそこに行く者はいなかった。何かあっても、ときおり顔を出す看護師に話をしていた。あの挨拶の暴走ぶりを見れば、誰でも行く気を失う。

でも、私はもともと年寄りと話をするのが好きだし、シベリヤの話だって当事者から聞いてみたいとも思った。それにこの広い部屋の数十人の中で一言も口をきかないのは私の他にはあの老人しかいなかったのだ。そして、彼は誰かに何かを話したいのではないかという気がしていた。

小部屋はほんとうに小さかった。守衛の宿直室みたいなものである。覗《のぞ》くと、小さなスチールのデスクの上に原稿用紙が広げられ、老人が万年筆を握ってぼんやりとしていた。

「ちょっといいですか」と挨拶すると、老人は「ああ、どうぞ」と丸いスツールを勧めた。なんだか診察を受けに来たような気分だが、こんな狭い診察室はないし、だいいち小型テレビでは大相撲が放映されていた。

あーそうか、今は相撲の時期なのか。貴花田はどうしただろう、勝ってるのだろうかと思った。

「別に用はないんですが――、シベリヤの原稿はどうですか？　進んでますか？」

私が訊くと、老人は物柔らかな微笑を浮かべた。

「いや、まだまだですよ。まだシベリヤまで行っておりません。今はシナで戦争しておるところです」

「戦争っていうのは大変だったんでしょうね」

戦争をまったく知らない若者だから言えるセリフだが、それを合図に、老人の問わず語りがはじまった。

のこったのこったのこった――という、緊迫しているのかのんびりしているのかわからない相撲の音をＢＧＭに、私は老人の話に耳を傾けた。

老人は白鳥さんという。

白鳥さんは仙台の出身である。仙台の二高という名門旧制高校を出た。ひじょうに優秀だったようで、東京帝大か京都帝大か、どちらに行こうかすごく迷ったという。

結局は京大を選んだのだが、それは西田幾多郎がいたからだった。

「やっぱり、その当時、日本でいちばんの哲学者は西田幾多郎だったんだね。日本の情勢が情勢なだけに西田先生の話が聞きたかった」

別に哲学を専攻したわけでなく（法学部だった）、直接教えを請いたいというより、意見を聞きたかったということらしい。西田幾多郎がいるという理由で京大を選んだのは白鳥さんだけでなく他にもたくさんいたというから、当時の大学生がいかにエリートでインテリだったかわかる。

もっとも西田幾多郎の話は割愛され、話は戦争に飛ぶ。

大学を卒業したところで、軍隊から召集された。帝大卒だからいきなり将校だったという。将校は新米でも決して殴られたりしない。だが、もちろん、部下となった下士官がめったやたらに兵隊たちを殴る。意味もなくめちゃくちゃに殴る。哲学を愛し、論理を重んじる白鳥さんにはそれが納得いかなかった。

入隊からしばらくして、若手将校ばかりが集められ、師団長の講話を聞くという日があった。師団長は少将クラスであり、下っ端将校から見れば神のような存在である。

みんな、直立不動で黙って訓示を聞いている。

最後に師団長が「何か訊きたいことはあるか？　あるなら言え」と言った。誰も何も言わない。そういうところで新米が口を開くなんてありえないことなのだ。師団長はただ形式上そう言っているにすぎない。

しかし、白鳥さんは勇を鼓して「はい！」と手を挙げた。そして、前々からの疑問を口にした。すなわち、どうして下士官は部下をわけもなく殴るのか。それは無意味ではないのか。

新米がとんでもないことを言ってる！　と周囲はほとんど仰天し、直属の上官は真っ青になった。

だが、師団長は意外に落ち着いた声で答えた。

「おまえ、入隊してどのくらいだ？」

「半年です」

「そうか。じゃあまだわかるはずもない。なぜ殴るか。それはそのうちわかる。戦地に行けばわかる」

それだけだった。敬礼のあと、師団長はさっさと帰っていった。

上官や同期の仲間はホッと胸をなでおろしたが、白鳥さんは納得がいかなかった。全然論理的な説明でなかったからだ。

しばらくして、白鳥さんは満洲に配属になった。

白鳥さんは満洲へ行くことを喜んだ。石原莞爾《いしはらかんじ》に会えると思ったからだ。

石原莞爾は白鳥さんの遠い親戚筋にあたっていた。その伝《つて》を利用して、機会を見つけ、面会することができた。

白鳥さんによれば、石原莞爾は「今まで見たことのない軍人」だった。石原が話したのは軍事ではなく、もっぱら経済だった。日本あるいは満洲がどれだけ石油や石炭を必要としているか、実際に今どれだけ確保できるか、どのくらいの量をどこにどういうふうに備蓄すればいいのか、細かい数字をすらすら挙げてとうとう説明する。しかもそれがとても理に適《かな》っている。

石原は「動力を備えた石油備蓄タンクを海に浮かべる」という案を考えていた。タンクごと移動でき、石油を移し変える必要がないから合理的だという。今のタンカーを先取りしたようなアイデアだ。

「やっぱり、石原莞爾という人はすごい」

論理の人、白鳥青年はいたく感銘を受けた。

しかし、やがて白鳥青年の頭から「論理」が消える日が来た。

白鳥青年は出張で同期の仲のいい将校と一緒に、北支（中国北部）の基地を訪れた。戦闘はもう収まっており、白鳥さんは友人と馬に乗り、ゆっくりと基地近くの田舎道を散歩していた。

談笑しながらくつわを並べていると、突然「パン！」という銃声が聞こえ、友人がもんどりうって馬上から転落した。慌てて下りて抱き起こしたが、頭から血を流していた。振り返ると、近くの小高い丘のほうに逃げる人影があった。中国のゲリラに狙撃されたのだ。友人を基地に輸送したが、たどりつく前にこと切れてしまった。

白鳥さんは呆然《ぼうぜん》とした。今の今までふつうに楽しく喋っていたのに、一瞬の後に死んでしまった。白鳥さん同様、友人はまだ戦場に出たことがない。誰も殺したことはないのだ。そして、どうして彼が死ななければならなかったのか。自分であってもよかったのに、なぜ彼なのか。この理不尽さはいったい何だろう。

白鳥さんはかつての師団長が「いずれわかる」と言った言葉を思い出した。

そのとき、白鳥さんは「わかった」という。

戦争というのは理不尽なのだ。意味や理屈はないのだ。それを受け入れなければ戦争などできない。理由もなく兵隊を殴るのはそれを体にしみこませるためなのだ。

白鳥さんは「この仇は必ずとる」と誓った。そして、戦場に出ていった——。

そこで話は終わった。結びの一番で貴花田が勝ったからである。はつらつとした期待の若手は横綱を土俵の下にすっとばしていた。

どっという歓声に白鳥老人はテレビのほうを見やった。

「ほう、やっぱり強いなあ」とつぶやいた。ふつうの相撲好きのおじいさんの顔であった。

白鳥さんは「もう飯の時間だ」と言い、立ち上がった。夕食は六時なのである。

「またいつでも来なさい」と言われたうえ、退屈でしかたなかったにもかかわらず、もう二度と隅の小部屋に足を向けなかった。

あのつづきは気になるが、もう聞きたくなかったのだ。これから理不尽のオンパレードがはじまるはずである。仇をとるといって人を殺す。仲間を殺される。それを思うと、憂鬱になった。だが、聞かないでいるのもなんだか「逃げている」ようで、嫌な気分だった。

どうしようかと先延ばしにし、ベッドにごろごろしながら、「あしたのジョー」を読んでいた。

五日目、実験は終了し、私は看護師さんからバイト代を受け取って外に出た。白鳥さんとは最後まで目を合わさなかった。

外に出ると、真夏の太陽がギラギラしていた。夢の世界から戻った現実もリアリティがなかった。なんにもしなかったのにぐったりと疲れて、私はアパートに帰っていった。

二十年後

二〇〇五年四月、私はインド・ミャンマー国境のパンソー峠に泊まっていた。

隣にいるのは探検部の先輩・竹村さんである。竹村さんはドキュメンタリー専門のテレビ・ディレクターで、世界中の辺境を歩いて番組を作っている。

今回はいまだ海外のマスコミが入ったことのない、ミャンマー北部の辺境地帯を取材するということで、その地域をよく知っている私がガイド役として同行していた。

私が竹村さんと仕事をするのはこれが初めてではない。八年前の一九九七年にもゴールデントライアングルの核心部・ミャンマーのワ州をロケしようと企んだ。

私はその前年の一九九六年にワ州で約半年間、生活をしていたから、コネクションがあった。「世界初の映像を撮れますよ」と竹村さんを唆《そそのか》し、テレビ局を口説いて企画を通した。

ところが、実際にロケに行こうとすると、思いがけない障害が続出し、いっこうにワ州に入れない。タイから国境を越えようとしたのだが、どうしてもできない。しかたなく、中国側に回りそこから国境を越えようとしたが、こちらはコネクションが弱い。結局私たちは現地人を装って国境を無理やり突破しようとした。

だが、最後の最後の検問で捕まってしまった。持ち物チェックをされたとき、竹村さんの所持していたクリープを見つけた係官が「この白い粉はなんだ⁉」と叫び、警察署に連行されてしまったのだ。白い粉疑惑はすぐに晴れたが、私たちが日本人であることがバレてしまい万事は休したのだった。

「あのときも大変だったな」と竹村さんは言った。

「あのときも」というのは今も大変だからである。

私たちは念願叶《かな》ってようやく二人でミャンマー辺境に（場所はちがうが）やってくることはできた。しかし、乾季であるはずなのに連日激しい雨が降り、ロケは難航を極めていた。私たちがミャンマーに入ってすでに一カ月もたっている。一日も休みはなく、朝七時から夜八時まで動き回っていた。

最終目的地であるパンソー峠に到着したものの、私たちは疲れ果てており、しかもまだ取材が終わっていなかった。雨がしょぼしょぼ降っており、シャツもズボンもびしょぬれ、どろどろなのだが、水浴びはおろか手を洗うだけの水もなかった。少数民族の集落がぽつぽつとあるくらいの小さな村なのである。

私たちは学校が開いているときは先生が泊まるという、大きな山小屋みたいな木造のがらんとした建物に宿泊していた。

私は竹村さんの横に寝袋をしき、ごろんと寝ていた。ここには電気が来てないので、カメラを回すバッテリーを充電するため、小型の発電機を回していた。ガタガタというエンジン音が響き、発電機からつないだ裸電球がぼんやりと辺りを照らしていた。

「この小屋はなんか見たことがあるな」私はふと既視感にとらえられた。なんだっけなんだっけとひとしきり頭をひねってやがて思い出した。

探検部一年生のときに泊まった、赤石岳の山小屋に雰囲気がそっくりなのだ。あれは秋合宿だった。探検部全員が四つか五つのパーティに分かれて、南アルプスを縦走する。そして、最後に赤石岳の頂上で落ち合うというものだった。何事もいい加減なクラブだったが、首尾よく予定どおりに赤石岳の頂上で合流することができた。そして、みんなで泊まったのが赤石岳の山小屋だった。

私は探検部のときに行った合宿や国内活動のことをいくらも憶えていない。どこかへ行ったという断片的な記憶しかない。泊まったところなど、ほとんど忘れてしまった。だが、なぜかあの赤石岳の山小屋は脳裏にはっきりと浮かぶ。

別に何があったわけでもない。先輩の一人が水と間違ってポリタンクのガソリンを飲みそうになり、ゲーゲーやって騒いでいたとか、また別の先輩がラジカセを持ってきていて、サザンオールスターズの「カマクラ」というアルバムを繰り返しかけていたとか、詳細に憶えているが、特に「これ」という出来事はなかった。もっといえば、楽しかったとか、つまらなかったとか、そういう印象もない。ただただ、そこをなんとなく、でもはっきりと憶えているのだった。

「ここ、探検部の合宿で行った赤石の小屋に似てると思わないですか?」

竹村さんが遠い昔の一宿泊所のことなんか憶えているとは思わなかったが、とりあえずそう言ってみた。意外にも竹村さんは即座に反応した。

「あー、そうだな。たしかに似てるよな」

竹村さんもその小屋のことをなぜかすごくはっきり憶えていた。先輩がガソリンを飲みかけたことも、サザンの「カマクラ」が繰り返しかかっていたこともよく憶えていた。

「そうなんだよ。なぜかわかんないんだけど、あの小屋に泊まったときのことはすごくよく憶えてるんだよ」と竹村さんは言った。

「でもな、いちばんはっきりと憶えていることがある。オレ、シュラフ(寝袋)で寝ながら思ったんだよ」

「何て思ったんですか?」

「いやね、『あー、オレ、二十年後もこんなことをしていられたらいいなあ』って。それが忘れられなくてさ」

「二十年後?」私は聞き返した。それから頭の中で計算した。今は二〇〇五年、そして私が大学に入学したのは一九八五年である。

なんと、ぴったり二十年じゃないか。

「竹村さん」私は体を動かさずに言った。「今があれからちょうど二十年後ですよ」

「え?」竹村さんは驚いたように言った。

「そうか、あれから二十年か――。じゃあ、オレ――」

「そうですよ、夢が叶ったんですよ。あのときと同じようなことをやってんだから」

「そうか、オレ、夢が叶っていたのか。今の今まで気づかなかったよ」

竹村さんはくすくすと笑い声をあげた。

「思えば、あのときも、『あー、山なんて辛《つら》くて嫌だな』とか『洞窟はせまくて暗くて嫌だな』とか『川下りは怖いな』ってずっと思いながらやってたもんな」

私たちはしばし沈黙した。私にはガソリンを飲みかけた先輩がギャーギャー騒ぐ声が聞こえた。サザンの「カマクラ」が聞こえた。

竹村さんもその音を聞いていたにちがいない。

あとがき

本書に収めた話のうち、後日談があるものをいくつか。

まず、インド入国はまだ果たされていない。だが今、新しい可能性が浮上しているので、期待は抱いている。一年後くらいには吉報が届くかもしれない。妻との関係も無事修復され、今では仲睦《なかむつ》まじく暮らしていると専らの評判だ。

ブルガリアのオヤジからは何も連絡がない。来ても困る。でもあのときの「大切にされる感覚」は今でもときどき懐かしくなる。危険な感覚だ。

アジア・アフリカ奇譚集の中でも特に気に入っているのが竹村先輩の夢が叶う「二十年後」だが、今回サハラ・マラソンに一緒に行き、また二人して寝袋で隣り合って寝ていた。ふと数えてみればミャンマーのロケからちょうど五年、赤石小屋の合宿からは二十五年がたっていた。

「夢が叶いすぎですよ！」と笑ったら、「俺の夢ってほんとにこんなのだったかな？」と先輩は首をひねっていた。

そのサハラ・マラソンであるが、大会が終わってしまうと、主催者から何も来ない。正式な順位もわからないし、領収書を送ってくれとメールを出しても返事がない。ついでにいえば、シルヴィアやマヌエラからも連絡はない。私からも連絡してないが。マラソンに対する興味も失ってしまい、まるで砂漠の蜃気楼《しんきろう》みたいなイベントだった。ただその縁で、日本西サハラ友好議員連盟の設立総会に参加したし、今後も西サハラの動向には気を配っていたい。

サハラ・マラソンには一つ素晴らしい副産物があった。大会へ向けての練習中、深酒した翌朝に走ると体内のアルコール分が抜けてとても爽快になることが判明したのだ。ノーベル賞もそうだが、新発見は往々にしてこういう偶然から生まれる。これこそ「間違う力」であろう。

おかげで、今も頻繁に走っている。これが私にとって最も重要な「後日談」かもしれない。

本書に収録された物語のうち、「謎のペルシア商人――アジア・アフリカ奇譚集」以外はすべて「本の雑誌」に掲載されたものだ。その手はずを整えてくれたのも、単行本として編んでくれたのも、同誌（もしくは「本の雑誌社」）の営業兼編集、杉江由次氏のおかげだ。

杉江さんには他にもいろんなことを頼んだり、相談したりしており、彼をここまで使い倒していいのかと思うくらいだが、なかなか倒れない頑丈な人なので、今後も使って、いやお世話になりたいです。

あらためてどうもありがとうございました。

二〇一一年一月　　東京・杉並の自宅にて

解説

山田 静

高野さんの話は、いつだって理路整然としてて筋が通ってる。

「……どちらの高野さんで……？」

特に愛読者からは首をかしげられそうだけれど、というかご本人からも「そんなの言われたことない」と困惑されたのだけれど、未知の生物とか怪獣とか謎の国とか、変なものばっかり追いかけている辺境作家にして本書の著者・高野秀行さんのことである。

初めて高野さんに会ったのは六、七年前のこと。大学探検部が衰退しつつある現状について、早稲田大学探検部ＯＢとしての感想を、というインタビューだった。細かい内容は忘れたけれども、印象に残っているのは理路整然とした真面目な語り口だ。もっとバンカラな変わり者（ごめんなさい）と想像していたので、正確に伝わるよう言葉を選んで話す姿勢が素敵だなあ、と思った記憶がある（ついでに言うと落ち着いた声も素敵で、ラジオのお悩み相談とかやってくれないかな、とあれ以来密かに思っているのだ）。

話だけじゃなく、高野さんが次々世に送り出すエンタメ・ノンフ（エンタテインメント・ノンフィクション＝人と違う視点で物事を面白く描くノンフィクション。高野さん命名）もまた、どれをとっても筋が通っている。大上段に振りかぶったり横道にそれたり話を広げたりせず、「やりたいこと」「伝えたいこと」だけを順序だてて語っていくので、何を読んでも分かりやすいし、何より説得力がある。

例えば数々の賞を受賞した傑作『謎の独立国家ソマリランド』（本の雑誌社）。武装勢力や海賊が跋扈《ばっこ》する崩壊国家ソマリアに平和な独立国があると聞き、「ソマリランドとは何か」と現地に飛んだ高野さん。普通のライターなら売れるネタを探し社会問題としてぶちあげたくもなるところだが、ソマリ人とカート（覚せい作用のある植物）をほおばり買い物を楽しみ、果ては海賊に取材の収支見積もりをとって感心し。「ソマリランドとは何か」を知るためだけに真面目にどこまでも突き進み、驚きの実態を明らかにしていく。実体験至上主義の現状描写や入り組んだ状況説明のうまさは圧巻で、読了後はソマリアが身近に感じられるほどだ。このブレない好奇心、やりたいことへの集中力が高野ノンフの尋常じゃないおかしさ（迫力と言いたいけどちょっと違う）、そしてキュートさを生むのだと思う。

と、ここまでホメておいてなんだけど、問題はその「やりたいこと」「伝えたいこと」だ。

ブータンに雪男を探しに行きたい。

コンゴの奥地で謎の怪獣を発見したい。

とにかく腰が痛い。

……最後のはともかく、九割以上が世間からしたら「はぁ？」である。

「私には『間違う力』があると言われる」

本人が本書の冒頭で語る通り、彼の知りたいこと、やりたいことはいつもどこか間違っている。そして、間違った立脚点からブレないのでさらに深みにはまっていく。

「やりかけたことを途中でやめる機能が私にはついていないらしいのだ。やめるどころか、ますます勢いよく間違った方向に突っ込んでいく」（「はじめに」より）

自分にも若干その気はあるが、旅人にはこういうタイプの人が多い。面白そうな方にどんどん行ってしまって、道に迷いそうと思っていても止まれない。そして案の定迷子になっても、頭の片隅で面白がっている自分がいる。そこが旅の醍醐味《だいごみ》ではあるが、

「もしかして危ないんじゃ？」

「これは金と時間の無駄なんじゃ？」

「何かあったら、ネットで叩《たた》かれるんじゃ？」

私を含め、凡百の旅人は脳内に鎮座する冷静な大人に説得されて引き返してしまう。この脳内大人が存在しない、もしくはやりたいことに集中しすぎて気がついてないのが高野秀行なのだ。

本書でも、スタートからして間違う力は存分に発揮される。しかもいつも以上に。

ある夜、ほろ酔いの頭で何か面白いことはないか、と入力した検索ワードが、「アフリカ・中東　マラソン」(って、何それ!↑以下、読者の声を代弁)そしてヒットしてしまったのがサハラ・マラソン。モロッコに占領された西サハラ(サハラ・アラブ民主共和国)難民キャンプ兼ゲリラの拠点で開催されるチャリティマラソン大会だ。「面白すぎる!」と興奮した高野さんは即、主催者にメールを送り参加を決める。

大会まで三週間もないというのに(何それ!)。

「今まで最も長く走ったのは十五キロ」とか自分で言ってるのに(何それ!)。

「西サハラ難民がどうこうより、とにかく走らねばならない」(ちょっとちょっと!)

つんのめるように間違いながら、仲間も首尾よく巻き込み着々と準備は進む。ステイ先では同宿のシルヴィアに練習に誘われときめいたり、記者会見では己が史上初のアジア人参加者と知り「私はアジア代表なのだ」と満足感にひたったり、周囲の参加者に身じたくを注意されてうろたえたり。

「ともかく走らねば」という必死のドタバタは身をよじる可笑《おか》しさだ。

この夢中になる感じやはしゃぎっぷり、びびり具合って何かに似てる……と思ったら、小学生男子である。そういえば「やめる機能がついていない」のも小学生男子っぽい。女の私からすると「やーねぇ男子って」という突っ込みワードがいちばんしっくりくる。

それでもこの小学生男子、文章力と説明能力の高さはやっぱりタダモノではない。こちらを大笑いさせながら、難民キャンプの現状やボランティア活動のあり方、西サハラの国際社会での立場などはきっちり伝えてくる。さらに国籍や立場関係なく楽しめるマラソンの魅力や、砂漠を走る面白さなどに知らずに引き込まれ、「いいかも、マラソン」とまで思わせるのだからまったく油断できない。

読者は一緒に間違った方向に鼻面を突っ込まされながらも、気がつけば学校では絶対に教えてもらえない、彩り豊かな世界や人々のありさまを目の当たりにしているのだ。

さて、肝心のマラソンは完走できたのか？

それは本書を読んでのお楽しみだが、読後ばかばかしくもすがすがしい気分になれることは保証いたします。予想通り、いや予想以上にボロッボロになりながら砂漠をよろよろと駆け抜ける勇姿に胸を熱くしてほしい。

そう、高野ノンフの魅力の一つは、この爽快な読後感。

本書と並んで特に好きな場面が『怪獣記』（講談社文庫）にある。トルコのワン湖に怪獣を探しに行くこの冒険では、ラスト近くで幼児用ビニールボートで湖に漕《こ》ぎ出す。四十のおっさんが短パンで幼児ボートである。バラエティ番組だと爆笑するところだが、ところがどっこい、読んでいるとこみあげてくるものがある。

それは、繰り返し水に潜りながらのこんな独白シーンだ。

「何もなし。胸が熱くなる。（中略）『何もない』ということは『何かある』ということなのだ。もっと変な何かが」

ああ、もう高野さんがいつまでもこうやって幼児用ボートを漕いでいればいいのに。サハラ砂漠で足をもつれさせながら走り続ければいいのに。

脳内大人に説得され引き返してしまったその先にあったはずのもの、あってほしいものを、この人なら探してきてくれるんじゃないだろうか。見つからなくてもいいから（いや、ご本人は見つけたいんだろうけど）、やりたいことを続けてくれますように。

読者はそんな思いを込め、高野ノンフを読み続けているんだと思う。もちろん私もだ。

本書にはほかにも、ブルガリアでおじさんに迫られて新たな世界の扉が開きかける「ブルガリアの岩と薔薇」、インドに行きたいあまりに離婚を言い出す「名前変更物語」などが収録されている。いずれも爽快な冒険譚だ。

どうか、ずっとずっと、このキュートな小学生男子が間違え続けてくれますように。

（やまだ・しずか　旅の編集者、ひとり旅活性化委員会主宰）

この作品は二〇一一年二月、本の雑誌社から刊行されました。

初出

世にも奇妙なマラソン大会■「本の雑誌」２０１０年10月号〜２０１１年２月号＋書き下ろし
ブルガリアの岩と薔薇■「本の雑誌」２０１０年４〜５月号
名前変更物語■「本の雑誌」２００９年10〜12月号
謎のペルシア商人——アジア・アフリカ奇譚集■書き下ろし

本文デザイン　福住修（ZOOT.D.S）
本文写真　著者

集英社文庫

世《よ》にも奇妙《きみょう》なマラソン大会《たいかい》

2014年4月25日　第1刷
2022年8月13日　第4刷

定価はカバーに表示してあります。

著　者　高野秀行《たかのひでゆき》

発行者　徳永　真

発行所　株式会社　集英社
東京都千代田区一ツ橋2-5-10　〒101-8050
電話　【編集部】03-3230-6095
【読者係】03-3230-6080
【販売部】03-3230-6393（書店専用）

印　刷　中央精版印刷株式会社　株式会社美松堂

製　本　中央精版印刷株式会社

フォーマットデザイン　アリヤマデザインストア　　マークデザイン　居山浩二

ISBN978-4-08-745181-8 C0195